JN101419

坊さん、ぼーっとする。

白川密成

娘たち・仏典・先人と対話したり、しなかったり

ミシマ社

はじめに

二十四歳での住職就任から、十五年以上の月日が経ち、今では尼僧（女性の僧侶）である妻と、ここに収められた文章を書きはじめた頃はまだ保育園に通っていた長女、生まれたばかりであった次女と一緒に寺に住んでいる。両親や祖母も健在だ。

長女は文字を書くことをおぼえはじめて、ある日、ノートに「自分のこと」を書きはじめた。彼女はそれを「隊員帳」と呼んでいた。家族のことを隊員だと認識しているのかもしれない。

そこには、「自分の名前」「年齢」「生まれた月」「自分の好物（やきいも）」「好きなお菓子（あめ）」「自分の住んでいる場所（てら）」とともに「こおぼうたし」と書いている。

「こおぼうたしってなに？」

と聞くと、娘は「弘法大師《こうぼうだいし》（空海《くうかい》）！」と即答した。僕は寺で生まれたわけではないので、そんな娘を少し心配したり（保育園児が弘法大師！）、でもやっぱりうれしかったり、微妙な気持ちを感じる。年間数万人のお遍路さんが、この寺に毎年巡礼に訪れることも、彼女の精神になにかしら影響を与えているのだろう。

一歳だった次女は、まだほとんど言葉を発することはなく、にーっと笑ったり、時々とても不思議そうな表情で、虚空や僕のこと、世界を眺めていた。

ちょうどこの時期は、高野山の師から、仏教を学ぶための勧学会《かんがくえ》という伝統行事（このことはまた後で書こうと思う）への参加を勧められ、高野山を訪れる機会が増え、自分にとっては「学びの季節」だったと思う。

師から、その学びの伝統行事への参加を勧められ、迷っている時に妻に相談することにした。その行事に参加するには、一カ月以上寺を留守にする必要があり、正直、参加は厳しいと思っていた。

「ミッセイさん（僕）の強みは、師がいることやで。もう、その歳になると人の言うことも聞きづらいし、性格からすると聞く気もないやろ。勧学会には、ミッセイさんの足りひんものが、詰まってるわ。さすが師はわかってはるな。子どものこと、寺の留守番、葬式法事、任せとき。みんなが声をかけてもらえるわけやないんやで。ありがたいことや」

さすが会社で働きながら修行の資金を貯金し、高野山のお寺で正式な真言宗の僧侶となるための修行をした彼女の言葉は、迫力があった。返す言葉はなかった。

しかしその「学びの季節」のなかで、自分が仏教から学んだことを以《もっ》てしても、生活の中で答えが出ず、立ち止まったことは、この時期とても多かったように思う。しかしそんな日々の中だからこそ、その時僕なりに考えたことを、仏典の力をお借りしてこの本でみなさんと共有することにも、小さな意味があると思う。

栄福寺は、檀家さんが少ないので、僕は年間で数回しかお葬式に拝みに行かない。しかし最近、立て続けに檀家さんが亡くなった。その時の僕の役割は、仏教の弟子となった名前である戒名（法号《ほうごう》）を考えることからはじまることが多い。そしてその時、亡くなった方の家族に、

「亡くなった人は、どんなことが好きでしたか？」

という意味の質問をすることがある。

そこからイメージを膨らませて文字のいくつかを選びたいからだ。でも当初は、自分で決めたことでありながら、その質問をすることに大きな抵抗があった。

身内の「死」という一大事を前にして、動揺したり、慟哭《どうこく》したりしている家族に「なにが好きでしたか？」と質問するということが、ひどく礼を欠いているのではないかという気持ちがあったからだ。

しかしやはり戒名を「その人の雰囲気」を持ったものにしたくて、勇気を出して聞いてみる

ことが多い（直感的に聞かない時もある）。すると家族と僕の間の空気が、一種の「やわらかさ」「あたたかさ」を持つことがあるのだ。

家族は、不意を突かれたようにしばらく沈黙し、だけど確かな言葉で「その人」のことを語りはじめる。

「とにかくおだやかな人でしたね。あと意外と出かけるのが好きだった。それからね……」

家族から聞くその姿は、僕が生前知っていた故人のイメージとは大きく違うことも多く、驚くこともある。

僕たちは、生きている時にも、自分や誰かに、もっとその質問をしてもいいのかもしれない。

「なにが好きですか」

両親が僕の僧侶になる前の、生まれた時の名前を「歩《あゆむ》」と決めたのは、母がイラストレーターの大橋歩《あゆみ》さんのファンであったことが、ほとんどの理由のようだけど、「歩くぐらいでいいので、日々進んでほしいな」という思いを込めたらしい。今、自分がこの時期にスケッチするように書いた文章と、その時に受け止めた仏の教えに触れていると、「たまに止まったり、こけたりしながら、それでも歩いていたのだな」と感じた。

よろしければ、この本のなかで一緒に散歩するように歩いて行きましょう。遊んだり、なまけたりしながら。

I 坊さんと、娘たち

目次

坊さん、何もしないⅡ

Ⅲ 坊さんは光る

坊さんにできること IV

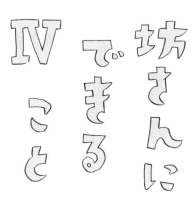

坊さん、今を生きるⅤ

I

坊さんと、娘たち

「見《けん》清《しょう》浄《じょう》の句」ノ巻

「時間をかけて見る」

坊さんは娘の卒園式に何を着るか

六歳になった長女は今年の四月から小学校に入学することになり、小さな頃から通ってきた保育園を卒園する日がやってきた。

「スーツのズボンが入るかチェックしときや」

尼僧の妻が、僕に声をかける。卒園式に坊さんの着物である法衣《ほうえ》で行くつもりは、僕にだってない。しかし、娘自身はどう思っているのだろう。

「お父さんが、卒園式に着て行くのスーツがいい？　お坊さんの服がいい？」

好奇心から、僕は訊《き》いてみることにした。

「お坊さんの格好がいい」

「なんで？」

「だっておもしろいもん」

「……」

僕は長女がどこか「気をつかっている」のではないかと、数日間、表情をうかがいながら何度も訊いてみた。

「お父さん、やっぱりスーツで行くことにしたわ」

「絶対に嫌や。お坊さんの服で来てよ！」

「なんで？」

「おもしろいもん……」

どうやら娘は、本気でそう思っているようだった（僕が「そう思いたい」だけなのかもしれないけれど）。

でもやはりスーツで行こうと思っていた。


ボクは坊さん、だ。でも、なぜか子どもの卒園式にはスーツで行ったほうがいいような気がしていた。公立の保育園に対する配慮？　いやいや、こっちにだって宗教の自由はあるので、それは問題ないだろう。

「〈お坊さん〉としてではなくて、ひとりの〈父親〉として行きたい」

ひと言でいうと、そんなことを思っていた。

しかし、スーツも法衣も置いてある部屋で娘が、「お坊さんの服で来てほしい」と言ってくれたことをひとり思い返していると、なにか込みあげてくるものがあり、また娘から僕への「エール」のような気持ちがして、それを受けとるべきであるような気がした。そして卒園式当日、気がつけば、僧侶の法衣に手を伸ばしている自分がいた。

先生たちは、ちょっと驚いた表情をしていたので、「あはは、娘の希望で……」と頭をかいていると、さらに驚いていた。園児の祖母の方も来られていて、その方は「和尚《おしょう》さんは、やはりそれが一番ですよ」と微笑んでくれた。

娘への手紙

卒園を間近に控えていたある日、保育園から「卒園する自分の子どもへの手紙」を書いてほしいというお願いがあった（後からそれは卒園文集に使うためだと知った）。妻は子どもたちと実家に帰省中でもあったので、その手紙は僕が書くことになった。おそらくそんな照れくさいことは、先生が頼んでくれないと書くことはなかっただろう。しかし、僕はできる限り正直に書こうと思った。

＊＊＊

卒園おめでとう！

大きな病気も怪我《けが》をすることもなく、元気に過ごしてくれてありがとう。

それが何よりもうれしいので、お父さんとお母さんと一緒に保育園の先生方、職員のみなさんに感謝（ありがとうと思うこと）の心を忘れないようにしましょう。そして毎日、一緒に過ごしてくれた友だちたちにも、ありがとう。

楽しい時、うれしい時ばかりでなく、時にはかなしい時、さみしい時、つらい時もあったと思います。そして、それは小学校でも同じだと思います。そんな時、いつも力になれるように、見守っていられるように、お父さんとお母さんもがんばります。そのことを、いつも忘れないでね。そして、自分自身もがんばってください。お父さんと、お母さんはいつも味方です。

大好きです。うまれてくれてありがとう。元気に卒園してくれてありがとう。

さようならはさみしいけれど、そこからしかはじまらないことが、きっとあります。

親は子どもに「恩返し」を求めない

お坊さんとして、お葬式を拝んでいると、「親に恩返しができなかった」という故人の子どもたちに出会うことが少なくない。それはとても自然な感情だと思う。

でも今、小さな子どもがいる僕は、子どもに「恩返し」なんて、ちっとも求めてはいない。そして多くの親がそうではないかと想像する。

「自分の子どもとして生まれてきてくれてありがとう。あなたが少しでも笑顔でいられますように」という願い以外はない。「親に対する後悔」を抱えている人がいたとしたら、そのことを思い浮かべてほしいと思うし、自分自身も年を重ねてきて、今の気持ちを忘れそうな時のために、今の気持ちを書いておきたいと思った。

「見る」ということ

(真理を)見る者は、(真理を)見る(他)人を見、また(真理を)見ない人をも見る。しかし、(真理を)見ない者は、(真理を)見る(他)人をも見ないし、また(真理を)見ない人をも見ない

『テーラガーター』――一つずつの詩句の集成―第七章、六一

あつかっているテーマは違えど、こんな仏典の言葉に触れていると「見る」ということは、とても大きなことだとあらためて感じる。それは親と子の関係ばかりでなく、あらゆる人間関係、そして「生きている人」と「死んでいった人たち」の関係の中でもそうではないだろうか。人にとって「言葉」は、とても大切なものだ。仏典も言葉で書かれているし、言葉のある世界に生きられてラッキーだと思う。しかし「見る」ことの偉大さは、「言葉ではないこと」なのかもしれない。言葉には、語ることのできない世界がきっとあるから。

もしあなたの中で、「言葉」がちょっぴり多すぎて、「見る」成分が減っているとしたら、少し呼吸を整えて、「見る」ことを試みてほしいと思う。僕もがんばります。

「おとうさん、死んじゃだめ」

今、長女は六歳で数年前から「死」の存在に気づいてきたようだ。

ある日、子どもたちを寝室で寝かしつけている時、長女が不意にこんな話をはじめた。

「おとうさん、死んじゃだめ。私、ひとりになっちゃうじゃない」

多少、子ども特有の芝居がかった雰囲気もあるものの、やはり娘にとっても切実なことであるようだ。

僕は、ただ娘を抱きしめてみる。まるで自分が「父親役」を無理に演じているような気分にもなるが、そうやって不完全なまま人は親になっていくのかもしれない。

間髪入れずに妻が、

「妹がいるから、ええやんか！」

とクールに告げる。

「妹のおじや(離乳食)、私、まだ買いに行けないもの……」

と困った顔をする娘の言葉に夫婦で声を出して笑いながら、人の生死というのは、ひどく現実的な側面もあるのだ、と気づかされた。

〈生〉の中で〈死〉を先取りする

ある脳の研究者が、死の間際のネズミがどのような脳の状態になるか調べてみると、セロトニンという幸福感を感じさせる神経伝達物質が大量に放出される現象が確認された、と読んだことがある。「安らかに死のうとする」ための生命のしくみだろうか。個人的には、人間にも似た現象が起こりそうだと想像している（あるいは、そういった自然な生理現象を阻害している側面が、死に際した現代医療にあるのかもしれない）。

僕は宗教全般に対して、生理的にも思想的にも、「〈生〉の中で意図的に〈死〉を先取ろうとしている」ことを感じることがあるので、この死に際して発露される生物の「しくみ」（もちろんセロトニンの話だけでなく）を、宗教はうまく用いてきた側面もあるかもしれない、と思った。

宗教から話題が離れても、「神秘的な体験」（たとえばとてつもなく大きな手に包まれているような体験など）をしたことを、絶対的な体験として語る人を見かけることがあるけれど、「そういうことも（人間の機能として）ある」ということは、どこか「冷静な準備」をしておくべきことだと考えている。

医療にしても宗教にしても、「死」を深く掘り下げることで、新しいパラダイムが起こるのか

もしれない。ある医師がラジオの番組に招いてくれた時、
「今の医療の中で〈死〉が出てくると、僕たちはお手上げなんです。宗教者に、もっと医療に参加してほしい」
という話をしていたのをふと思い出した。

引っぱられる生と死

考えてみると「生」も「死」も人間の生み出したひとつの〈言葉〉だ。だから僕たちの意識的なバイアス（偏り）によって作り出されてきた、一種の架空の概念でもある。しかし、「人が死ぬ」そして「生きている」という圧倒的な現実は、歴然とした存在として僕たちの前に立ちふさがる。

仏教経典の『維摩経《ゆいまぎょう》』に、このような一説がある。

――〈二つのものの対立を離れること〉というのは、どのようなことであるのか。それはすなな――

わち内外のもろもろの事象を念じないで、平等を行《ぎょう》ずることである。では〈平等〉というのは、どういうことであるのか。それは我《が》も涅槃《ねはん》も共に等しいと見なすことである。なぜであるかというと、我と涅槃と、この二つはともに空《くう》であるからである。なぜその両者が空であるということがいえるのか。その二つはただ名称にすぎないから空なのである

「名称」に過ぎないものが、共に「空」であるとしたら、生も死も一体であり、空であろう。そう意識で思い浮かべながらも、生と死の持つ現実的な対極に僕たちはいつだって、引っぱられる。

引っぱられながらも、それでもそれと同時に、ここにあるただの「生の心」で、言葉にできない名づけようのない感情で、ただ生と死を言葉をはずして「見る」ように味わいたいと希求する。

それもひとつの宗教体験だと僕は呼びたい。

「おはよう」「さようなら」

――死生《ししょう》の分《ぶん》は物の大帰《たいき》なり

弘法大師 空海『遍照発揮性霊集《へんじょうはっきしょうりょうしゅう》』巻第四――

空海の言葉。現代語訳するのが、難しい言葉だ。

ある訳者はそれを、「死と生との区別こそがすべてのことの帰着する根本である」と訳し、ある訳者は「死と生の分かれ目は、物すべてが帰するところに照らしていうだけなのである」と訳している。

あらゆることの分（分けること）は、人間のつちかってきた叡智《えいち》であり、また迷いや苦しみを呼ぶ、無明《むみょう》でもある。

僕は、そこで立ちつくしながら、死ぬまでの「私」や「この生」をどこか懐かしいものだと感じる。そして、それを今日も味わいたいと思う。そう、あなたや誰かと。

そして、亡くなっていった人に「おはよう」と声をかける。

今日、生きている自分に「さようなら」を告げる。

密教経典『理趣経』から感じる智慧①

見清浄《けんしょうじょう》の句、これ菩薩《ぼさつ》の位《くらい》なり

『理趣経』第一段より

現代語訳

「見ること」が、本来清らかであるということも、そのまま菩薩の立場である

*

見るということ

これは、『理趣経』の冒頭で、あえて生活の中の俗的な場面をいくつもあげて、「これも清浄な境地」である、と聖と俗が本来一体であることを示唆する場面で、登場する言葉です。俗的な行為の象徴とはいえ、そこに菩薩を見出すのが密教の特徴です。そして、その中にも「見る」という行為が含まれることに心が動かされました。

普通に生活していると、つい見逃してしまうことですが、「話す」ことよりも「見る」ことに重きをおいた時間を少し積み重ねてみませんか。それは僕にとって、時に「言いよどむ」「うまく言えない」ことを恐れないことでもあります。

また、よく見る前に言葉を発することの「危うさ」にも慎重でありたいと思います。

「皆《みな》自在を得《え》」ノ巻

「本当の自由自在とは、〝自分の思い通り〟ではない」

「ありがとうって言わなくていいよ」

どういう文脈で、そういう言葉を聞いたかは、忘れてしまったけれど、六歳の長女が、僕が、なにかで「ありがとう」と言うと、「ありがとうって言わなくてもいいよ」と言っていた。その「ありがとうって言わなくてもいいよ」という言葉が、なんとなく耳にうれしい言葉として、しばらく残っている。僕もチャンスがあれば、誰かに心から言ってみたいな。「ありがとうって言わなくてもいいよ」って。

さまざまな国からのお遍路さん

栄福寺は、弘法大師にまつわる八十八の聖地を巡る四国八十八ヶ所霊場のひとつで、五十七番目の札所だ。その四国遍路では、この数年、ずいぶん海外からのお参りが多い。僕は英語がほとんど話せないのだけど、「どこから来たのですか?」と簡単な英語で尋ねた後に、その国の、どの街から来たかを尋ねることが多い。

イギリスのマン島、カナダのレジャイナ……。アメリカのマサチューセッツから来た、ハーバード大学の卒業旅行で遍路をするバックパッカーの女性。パリの銀行に勤める若い人は、「サバティカル休暇」という一年間の休暇を利用して四国にやって来た。

シアトルから来たお遍路さんは、七歳の時にパキスタンからアメリカに移住し、コンピューターエンジニアになったけれど、「人生は短い（本人談）」ので、今は旅をしながら暮らしているんだ、というようなことを言っていた（たぶん。英語の聞き取りに自信がないけれど）。僕は、彼らが帰った後にiPhoneを取りだして、Googleマップを開き、彼らが住んでいる街の場所を調べるのが、なんとなく好きだ。街には国と少し違う感触があって、「行ったことのない街」のことをしばらく想像してみる。

今日、デンマークから来たおじいさんのお遍路さんは、「デンマークから来ました。でもコペンハーゲンではありません」と開口一番言っていた。たぶん多くの日本人がコペンハーゲンのことを知っているので、彼は何度も「デンマークからということは、コペンハーゲンですか？」と聞かれたのだろう。彼の背中を見送ってから、僕も小さな声でひとり、「日本に住んでいます。でも東京ではありません」と口にしてみる。

昨日、台湾の台北から来た若い夫婦は、リアカーに二歳と四歳の子どもたちを乗せて、お参りしていた。世界にはいろいろな街があって、さまざまな人がいる、そんな当たり前のことをこの場所にいると肌身で感じる。そして、ここで人々は祈っている。

ほっとく

最近、頭をよく駆け巡る言葉に、「ここでしばらく、ほっといてください」という言葉がある。ずいぶん前に、料理番組で料理を指導している女性の方が、言っていた。その時は、とくに何も感じなかったのだけど、不思議とこの「ここでしばらく、ほっといてください」という言葉をよく思い浮かべるのだ。

僕たちは、生活や仕事の中で、いろいろな計画をしたり、進んだり、引き返したりするわけだけど、「こねくり回しすぎている。さわり過ぎている」ということが、意外と多い。「ほっとくべきもの」は、僕たちの周りにはきっともっと多い。ほっておけば、人生におけるチーズやヨーグルトになり得る大切な存在が、その前に空気に触れてしまったり、雑菌が入ってしまったりしていることが、僕自身はけっこうある。

みなさんも、あえて「ほっとく」ものって、もっとあるかもしれない。

なにを減らすか。なにをやめるか

父親が昔、言っていた言葉で、たまに思い出す言葉がある。僕が、「こんな物を食べると身体にいいらしい」というような雑談をしていたら、「なにを食べるか、ということよりも、なにを食べないか、ということのほうが大事な気がする」と言っていた。

七世紀に仏教の戒律を学ぶためにインドに渡った中国人僧侶が、インド僧院での食事の作法や衣のつけ方、生活の様子を詳細に記述した『南《なん》海《かい》寄《き》帰《き》内《ない》法《ほう》伝《でん》』という書物がある。そこには仏教以外のことも、けっこう書いてあり、健康についての記載も多い。

その中で病というのは、当時のインドの考え方から言うと、食べ過ぎと働き過ぎからくるのに、(自分たち)中国人は食べ過ぎていて、その後で薬を飲んでいるのはよくない、という意味のことが書いてある。

凡《およ》そ（地・水・火・風という）四大の（構成する）身体に病が生ずることが有るというのは、多食から起こるか、或いは労力（からくる疲労）によって発生するかである

『現代語訳・南海寄帰内法伝ー七世紀インド仏教僧伽の日常生活ー』義浄撰、宮林昭彦、加藤栄司訳。一部、著者整理

前の食事の消化が終わっていないのに、とにかく時間だからといって、食事をとるのはよくないとも書いてある。

僕は、体調が優れない時に漢方のお世話になることも多く、一概に当時のインドの考え方のほうが正しい、とは思わないけれど、ちょっと参考にしたい考え方であると思う。

これは、食事にかぎった話ではなく、「なにをやるか」ということを増やしてゆくだけでなく、「なにを減らすか」「なにをやめるか」ということも、もっとさまざまな場面で、考え実行する機会があってもいいように思う。

あると言ったほうが近い

　そういえば、ここ最近、近年では一番、体調がよく、精神的にも充実しているような気がする。一、早く起きること（僕は五時が目標）。二、今まで以上に朝夕に、神仏に祈る。瞑想をする。三、食事を取りすぎない。間食を食べすぎない。四、できる限り毎日運動をする。というシンプルな日課を自分に課している（できない日もあるけれど）。

　別に体調がよくなるために神仏に祈っているわけではないが（もちろん！）、最近、自分が「お坊さん」だから祈るというわけではなく、自分にとって自然なことだから祈るという気分になってきたと感じている。なにか「祈る」というよりも「戻る」という感覚に近い。

　そんな時、ある僧侶が言っていたことを、ふと思い出した。

「仏様について、〈ある〉とか〈ない〉とかって言う人がいるじゃないですか。でもね、私が勝手に思っていることなんだけど、仏様って〈あると言ったほうが近い〉存在なんじゃないかと思うんです。つまり〈ない〉と言い切ってしまうと、より現実から遠くなってしまう。かといって一〇〇パーセント〈ある〉って、実証的な話ではなくて、〈あるって言ったほうが近い〉んです、現実と」

という話だった。当時は、「なにを訳わからんことを言っているのだろう」と思っていたけれど、「あると言ったほうが近い」という感触は、なんだか、今になってよく思い出す言葉になった。その人にとっての「仏様」以外にも、「あると言ったほうが近い」存在は、なんだかありそうだ。

「ほっとくという感覚」「減らすもの」「あると言ったほうが近い存在」。ひどく曖昧な話ではあるけれど、僕は最近の生活のヒントにしている。

密教経典『理趣経』から感じる智慧②

一切の法において、皆《みな》自在を得《え》

『理趣経』第一段より

現代語訳

この世にある、あらゆるものに対して自由自在になることができて

*

自由自在の意味

この言葉は、『理趣経』のお経の功徳《くどく》（仏からのめぐみ）について書かれた部分に出てきます。僕は高野山の師から、「この自由自在は元々、仏教の言葉ではあるが、今、使われているような〝自分の思い通りにする〟という意味ではないよ」と伝えられました。むしろ逆で、「自分にこだわりすぎると、自由にも自在にもなれない。もっと〈大きな世界〉に自分を同

化させ、飛び込んで、我を残さないことなんだ」ということでした。

なかなかその境地には、至れません。しかし、本当の意味で「私」の心やアイデアを確立するためにも、「私」に「こだわりすぎる」よりも、まず「自分の思い通りにしたい」という気持ちを〝かっこ〟に入れてみる。他者や世界に飛び込んでみる。その後で現れてくる「私」は、ひと味違う存在なのだと思います。

そして「ほっとく」「やめるものを決める」「あると言ったほうが近い、ある種曖昧な存在に目を向ける」という行為は、「私の思い通りにしよう」という心を解き放つ試みとなるでしょう。これは道徳というよりも技術に近い話です。そして、「自分の意見ではなく、他人の意見で動きましょう」という話ともまったく別の話です。少し考えてみてください。

「一切法の清浄《しょうじょう》」ノ巻

「世界に存在するすべてのものに意味がある」

長女の「蛇の葬式」

小学一年生になった長女が、「蛇《へび》の葬式」をした話を僕にしてくれた。

学校で蛇が死んでいたので、蛇が生き物の中でもとくに好きな長女は、泣きながら友だちと埋葬して、お経をあげたらしい。その時、僕は自分が小学生の頃を自然と思い出していた。

今はどうかわからないけれど、当時の小学校の授業には魚の解剖があって、当然と言えば当然だけど、その後には「魚の死体」が残る。担任の先生に請《こ》われて、寺に住み住職の孫である僕が、魚を土に埋めた後の読経《どきょう》を担当することになった。

別の機会に、学校の発表会で昔話の劇をすることになった時、「村の僧侶役」をすることになったのも、やはり僕だった。

その経験は、今の僕の心の中では「いい思い出」だ。それは、僕がなんとなくお坊さんに対して、悪くないイメージを持っていたこともあると思うけれど、「社会の中に自分の役割がある」という高揚感に似たものであったように思う。もっと単純に、劇の中で僕が素頓狂《すっとんきょう》な声で「ブッセツマーカー、ハンニャ、ハラミタ、シンギョー！」と叫ぶと、観客の子どもたち、大人たちが大笑いして、それがうれしかった気持ちも、はっきりと心に残っている。

僕も日本の仏教のお坊さんなので、「日本仏教」のことを考えたり、「どうあるべきか」なんてことを、思い浮かべることもある。その中で「日本の僧侶の役割」というのは、「お坊さん」を主語にした能動的なものばかりでなく、「積み重なってきた時代の民衆が、社会の中でどのような存在を求めてきたか」という粘土でこねた塑像《そぞう》のような存在、側面もあるのだと感じる。

子どもの話を聞きながら、自分の子どもの頃を思い出して、そんなことを考えていた。

動物と相撲の思い出

蛇の話を書いていると、他の生き物に関する思い出が甦《よみがえ》ってくる。

小学生の頃、寺の近所の通学路で犬が死んでいた。雑種の野良犬のようだった。僕の記憶では、口から体液のような内臓のような得体の知れないものが露出していた。そして、そのことを親に話すと、

「今からその犬をどこかに穴を掘って埋めてあげ（なさい）」

と言う。どうしてそんなことを言ったのか、うまく想像できないが、もしかしたら僕が、道

に犬の死体があったことを、ちょっとユーモラスに伝えようとした記憶もうっすらとあり（記憶違いかもしれないが）、そのことが親の機嫌を損ねたかも、と今、想像すると思うし、その時もそう思ったような気がする。

僕は相当に困ってしまったが、親の言うことに反発するという選択肢はなさそうだったので、友だちを誘って、とぼとぼと犬のいる場所に戻ると、すでに犬の死体はなかった。その時の安《あん》堵《ど》感や、犬がすでにいなかったと言うと嘘をついたと思われるだろう、というめんどくささや恐怖感、また少し犬を埋葬してあげたかったという気持ちが、甦ってくる。

僧侶になってからも「ある犬の話」を聞いたことがある。農家の家を訪れていた時、話題は、家の軒先に巣を作っているスズメの話になった。「スズメの巣は縁起がいいっていうから、大事にしているんだ。ほら、この壁なんてスズメが行き来をしやすいように穴を開けてやったんだよ」

お坊さんになったばかりだった僕は、スズメの巣が縁起がいいという話から、家に穴まで開けているということが、とても大胆なように思えて、新鮮な気持ちでその話を聞いていた。そして「縁起がいい」ばかりでなく、とても優しい人なんだと思った。

するとその老人は、別の話をはじめた。

「昔、飼っていた犬をどうしても飼い続けることができなくなったんだ。だから車に乗せて、ずいぶん遠くまで行って放した。相当遠くで捨てたつもりだったのだけど、何日か経ってその犬は疲れ果てて、帰ってきたんだ」「それで、どうしたんですか?」「うん。あのね、もっと遠くまで捨てに行った」

僕はこの話を何度も思い出すのだけど、今はじめて、「あのおじいさんのスズメへの優しさは、犬を捨てたという後悔からかもしれないな」と思った。

またこれは「人間の話」だが、中学生の頃、同級生が世間話をする中で「家に帰ると自分の祖父が、昼から衛星放送で相撲《すもう》を観ているのが、嫌で嫌で仕方がない」という。「そういえば昼ぐらいに放送している相撲は、痩せている普通の兄ちゃんみたいなのが、出ている時間帯があるよな」「そうなんだよ。でもじいさんが相撲を観ているのが、嫌で嫌で」「何で嫌なの?」「わからん」「でもしょうがないだろう」「うん、しょうがないんだよ。でも本当に嫌だから、俺、この前、衛星放送のケーブルを引っこ抜いて、隠してしまった」

僕はその時、大笑いしてしまったような気がするけれど、まさか四十歳を超えた今でも繰り返し思い出すような話になるとは思わなかった。

「人間には、嫌で嫌でしょうがない、説明できないことがある」。その確信めいた思いを確認するたびに、僕は衛星放送で相撲を観ることができなくなった、哀れなおじいさんのことを思い浮かべる。

「なんとなくおぼえている」というのは、なんだか不思議な感覚だ。

密教の中に感じる「雑」と「俗」

自分が修行している「密教」という教えに、「雑」や「俗」という雰囲気を感じることが多い。密教が「雑」や「俗」なのだ、という意味ではなく、宗教的な要素に、それら「雑」や「俗」が加わっていることに対して、いいなぁと思うことがけっこう多いのだ。辞書的な意味で言うと「雑」の中の〈まぜる〉〈どの分野にも入らない〉、「俗」に対して〈凡庸〉〈世間一般〉のような意味を、僕はイメージする。

なかなかたとえとして挙げることが難しいけれど、それは密教が人々の培ってきた民間信仰や習俗、神話、性、悪などを頭から否定せずに、むしろ取り込んで歴史を刻んできた様子からも見てとれる。

僕たちが生活を送る中で、「誰も文句が言えないような」論理的な意見が一見、正しく見えることがある。でも、僕たちにとって意味のある動きをもたらすようなことは、本当は「とるに足らない」「つっこみどころが満載」で、後ろ指を指されかねないところからも生まれる。それは「雑」や「俗」にたっぷり含まれている。

僕たちは、ついつい頭の中で「雑」と「俗」を手放す。ずいぶん抽象的な主張であるけれども、僕はもう一歩、「雑」と「俗」を自分に引き寄せてみたい。

神様

ある日、三歳になった次女が朝起きてきて、チョコレートをかけたパンを母親に懇願した後、椅子に腰掛けると高らかにこう宣言した。

「神様って、なんなん（なんなの）？」

僕は、遊びのような気分で、彼女に応えてみる。

「神様は、〈なにもない〉を持っている人です」

「でも普通の人は、〈なにもない〉を持ってはいません」

「そして〈なにもない〉は空っぽではありません」

「でも〈なにもない〉は空っぽを持っています」

彼女は、「どうでも、ええわ」という表情に加えて、やや怒った顔をして、僕を見る、というよりもにらみつける。

そうしていると、長女が起きてきた。この論争に加わっていたとしたら、「もうお父さん、めんどくさい！」と憶えたての罵倒《ばとう》の言葉を言ったと思われるが、彼女はこの論争を知らない。階段を僕に手を引かれて上がりながら、長女が言う。

「昨日ね、〇〇君の、じいちゃんが死んだよ」

「そこはたぶん、〝亡くなった〟と言ったほうがいいよ」

「もう、お父さん、なくなったは言い過ぎ！」

という不思議な喜劇のような会話を交わしながら、僕は言葉と存在の不思議さを思う。

「なんとなく」をやる

僕の誕生日の日に、「これ、あげる!」と次女が本を渡してくれた。自分が誕生日にもらった大事なはずのアニメ「ミニオンズ」の絵本。自分が大事にしているものをあげられるなんて、すごいな、と思う。

四十一歳という年齢を迎えて、「どのように生きるか」ということから「この世界になにを残して死んでいくか」という目線がすでに増えてきていることに気づいた。

そのような中で、誕生日に、自分に対してこんな言葉を投げかけた。

「自分は明確な目標と社会的意義からこれをやる」とクリアに設定するのは、ある意味でたやすいことだけど、「なんとなくだけど、やだな」「なんとなく、やりたいな」ということを、スッと押し通すような生活や仕事をする。「雑」と「俗」の力を借りて。

〈「なんとなく」をやる〉。それをこれからのテーマのひとつにしてみたい。「なんとなく、やらない」もありだな。

密教経典『理趣経』から感じる智慧③

一切法の清浄句《しょうじょうく》の門を説きたもう

『理趣経』第一段より

現代語訳

現実世界に存在する一切のものは、本質として自他の対立を離れた清浄な仏の境地にあるという教えをお説きになった

*

聖と俗を分断しない

僕が教えを受けている師は「これだけの言葉の中に理趣経の内容が凝縮して、つまっている」と説いてくださいました。ここでも「聖と俗」の話が出てきます。僕たちは、「聖」と「俗」があるとすると、俗を否定し、聖と関係を持つのが、宗教であるというイメージ

を持つことが多いでしょう。しかし密教の本質は、そうではありません。聖なるものと俗的な世界は、本来一体であり、現実世界もそのまま真理の世界です。それを分けてしまうのが、仏教が避ける「分別」であると密教ではとらえます。ですから俗を否定しないのです。

それをふまえて「民衆が求めた大衆的な世界」や「雑なるもの」や「曖昧なもの」「今、ここに広がっている現実世界」にも、大切な意味合いが含まれていると僕は考えます。また論理的な思考ばかりでなく、非論理的な直感を重視するのも密教の特徴と言えるでしょう。時には説明が難しいけれど「なんとなく好き」「なんとなく嫌」に向き合って、思いのままに行動してみましょう。

「瑜《ゆ》伽《が》自在を証《しょう》し」ノ巻

「身体・言葉・心を重ねる」

光る坊さん

「どんな時にしあわせだなぁと思う？」

もちろん、いつもそんな会話をしているわけではないのだけど、四歳の次女にそうたずねてみた。本当に彼女がどう思っているか知りたいというよりも、「どんなふうに答えようとするのだろう」ということに、興味があった。

「お父さんといるときー」

と、愛想のいい末っ子ぶりを発揮した後、

「あと、ひいばあちゃんが、生きていること」

と答えた。

娘が本当にそう思っているか、あるいは家族が喜ぶようなことをあえて言ってくれたかは、僕にはわからない。だけど誰かが「生きていること」だけで、誰かの「喜び」になっているという状況は、あるのかもしれない。


長女は発光する深海魚を特集したテレビ番組を凝視している。

「人間は光らないのかな？」

僕も一緒に観ながら、思わず声をかける。

「光るのはお坊さんだけでしょ」

「うわっ、あの魚、頭が透明で光ってる……」

「だからお父さんも光ってるで」

「でも頭は透明ではないよ」

「透明のはずないやろ！」

そんな消えていく言葉を世界に放り投げながら、僕たちは生きている。

否定的な響きには、良き側面が隠れている

「コーヒーが好きだけど、好きすぎて飲みすぎてしまう」

ということは、僕の積年の課題であった。

だから毎日コーヒーを飲む人生と、いっそまったくコーヒーを飲まない人生を何度も繰り返

してきている。同じような〈シンプルだけどなかなか難しい課題〉を抱えている人は少なくないと思う。

今は「飲む人生」なので、コーヒー豆を挽《ひ》いてドリップしていたら、量を勘違いして一杯分の豆に二杯分のお湯を入れてしまった。いつも飲むコーヒーよりもすごく「うすい」コーヒーだ。

そしてそれを飲んでみると、「意外に美味しい」だけではなくて、普通の味のコーヒーにはない爽やかさもあるような気がして、自分としては大きな発見だった。それ以来あえて時々、うすいコーヒーを飲んでいる。

「うすめる」「少なくする」というのは、多くの人にとってネガティブな響きを持つことが多い。どちらかといえば、「濃く、もっと濃く」「たくさん」という方向性のほうが、格好良くみえるし、賢くみえる。僕もそうだ。

しかし、なにかうまくいかないことがある時、一度、「濃く、堅く、多く」しようとしている自分の心の方向性を、「うすく、やわらかく、少なく」しようとしてみては、どうだろうか。

たとえば「言葉」を、本当の意味で、うすくできないものか。コーヒーほどは簡単ではないだろうけれど。

そういった「否定的に感じやすいことの良き側面」ということで、僕が最近思い出したのが、「断られる」ということだ。

「断られる」ことは、精神的な負担を感じやすい。また「断る」のも、楽しいことではない。その精神的な負担を感じたくなくて「断らない」ことがあるのは、僕だけではないだろう。

しかし、自分の人生の中で「いい意味での大きな出来事」を思い出してみると、「断られた」ことから〝次の展開〟を自分で考え、大きなチャンスに繋《つな》がったことが、いくつかある。むしろ大きな出来事は、僕にとっては、そういう道を通ることのほうが多いともいえる。そんなことから考えると、「断られる」ことは大きな展開に繋がっているし、「断る」ことは、相手に新しいチャンスを渡すことでもある。

何もかも「断る」必要はもちろんないわけだけど、「断」という行為の肯定的な側面について、もっとリラックスして感じることができたら、いろいろと「良き側面」があるように思う。

「断」には「切り離す」だけではなく「決める」という意味がある。「決める」という大事な行為には、コミュニケーションの一時停止がつきものだ。このことを知っているだけでも、決めることの準備ができると思う。

考えてみると「お寺」という存在も、時間や言葉をいったん「切り離す」際に、有効な装置として社会に置かれている。また繋ぐために。

FC今治のサッカー観戦に行くようになった

栄福寺がある今治市《いまばり》には、「FC今治」という元サッカー日本代表監督の岡田武史さんが会長を務められているサッカーチームがある。

数年前に、お店でひとりでごはんを食べていたら、カウンターのとなりに座っていたのが、元日本代表のFC今治の選手で、それ以来何度もお寺を訪ねてきてくれるようになったり、お寺のトークイベントにコーチの方が来てくださったり、そういった繋がりはあったが、試合を観に行く機会はなかった。

しかし昨年から突然、尼僧の妻がFC今治の試合観戦をするようになり、ホーム戦のある日曜日は、寺から車で十分もかからないホームスタジアムに家族四人で観戦に行くことが多くなった。妻は、かつて僧侶を志す高校生でありながら、野球部のマネージャーだったという経験がある。僕も新居浜市《にいはま》に住んでいた小学生の頃、数年間だがサッカーをやっていた。

そのような中で、岡田さんが代表取締役会長をされている「今治夢スポーツ」という会社が、「ホーム戦の前に家族で四国遍路を歩いてお参りしよう」という一般参加の企画をしてくださり、参加者が栄福寺にもお参りにこられた。そして、その翌日には、岡田さんも挨拶に来てくださり、いろいろな話をしてくださった。

代表監督として大きな結果を残され、Jリーグの監督オファーをいくつも受けながら、今治という小さな街のサッカーチームを渾身の力で一から作ろうとされている姿が、これからのお寺や仏教と重なって見える。

それは、ひとことで言って、「ピラミッドのてっぺん（たとえば中央組織のトップ）からは変わらないことを、地面のような底からなら、変えられるかもしれない（変えるしかない）」という挑戦だと思う。

そして、いろいろな取材で話されている「今治でお客さんに来てもらうために、スタッフと遅くまで話したが、答えが出なかった」というような「日々の本気のトライ」を、自分たちのチーム（栄福寺）が、ほんの少しでもできていたか考えると、目が覚めるような思いだった。

そこで僕は岡田さんがある大学で二限ぶっ続け（三時間）でされる講義の存在があることを教えていただき、あえて作務衣《さむえ》を着たまま、講義に混ぜてもらうことにした。後半は、学生を交えてのディスカッションだ。隣の学生が、

「お坊さんですか？　弘法大師って記憶力の修行をしたって本当ですか」と意外とフレンドリーに接してくれた。

世界はもっとおもしろくなれる

冒頭に話された「ルール」と「モラル」の話も印象的であった。会社にゴミが落ちていて、「ゴミを拾いましょう」と壁に貼るのがルール。

しかしチームモラル（企業文化）があるとしたら、ゴミは「自然と自ずから」誰かが、拾わなければならない。そういう雰囲気が当たり前にならなければならない。「ゴミを拾う重要性」ではなくて、そのチームメイトが「自然に、自ずから、自立して考えて」動き出すということ。

「神は細部に宿る例を何度も経験した（ワールドカップクラスでもディフェンスが数センチ足を伸ばせるかどうかで勝負が決する）」「上手くなるには、好きになることが必須」「今できることをやる」「負けを含めて、起こっていることは、すべて意味があることだと信じている」「進歩には波がある（止まって見える時が必ずある）」「スタートアップの組織は死に物狂いでやらないと終わる」「前例のないことをしようとしているのだから、他チームと同じことをしていてもはじまらない」「〝とにかくやってみろ。だめだったらやめたらいい〟ということ（禅語の淵黙雷声《へんもくらいせい》から）」「腹をくくるかどうか、である。くくった後の人間関係は変わってくる」「里山スタジアム構想」

僕の記憶違いの部分もあると思うけれど、今の自分にビシバシと響いてくる言葉、思想の連続だった。そしてやはり、これから「お寺や僧侶が担えることの可能性」に太く繋がっている。その時、不思議と響いてきた弘法大師の言葉があった。

色すなわち心、心すなわち色、無障無碍《むしょうむげ》なり

弘法大師 空海『即身成仏義《そくしんじょうぶつぎ》』

現代語訳

物質はすなわち心、心はすなわち物質であり、さわりなくさまたげがない

＊

「物」と「心」は、つねに表面的にも交流関係にあり、本質的には違う存在ではない。しかしあえて分けてとらえた時、「心」と一見みえるものが、大きな変化をみせると、僕たちの現前に広がる「物」も一緒に動いていくだろう。

そして「物」が動くと、「心」がまた動いていく。そして常に融《と》け合っている。

「世界はもっと美しくなれるし、おもしろくなる」

そんな声を聞いたようだった。

密教経典『理趣経』から感じる智慧④

すでに一切《いっさい》如来の一切智《ち》智《ち》の瑜《ゆ》伽《が》自在を証《しょう》し

『理趣経』第一段より

＊

現代語訳

すでにあらゆる如来が仏の最高の智《ち》慧《え》を味わう瑜伽の境地に自在に入り

ここでは、『理趣経』一段目のこの箇所で登場する、密教の中でとりわけ重要な「瑜伽」という言葉を見ていきましょう。「瑜伽」は、サンスクリット語のヨーガ（ヨガ）を語源に持つ言葉で、「結びつく」「融け合う」という意味があります。密教においても根本的なコンセプトで、さまざまな解釈がされる言葉ですが、密教修行の中で「身体・言葉・意（こころ）」のはたらきが、仏様と融け合い、結びつくことで一致させ深い瞑想の世界に入る、という意味もあります。

そして引用箇所には含まれませんが、この前に出てくる「加持《かじ》」という語にも注目してみましょう。これもまたいろいろな理解がされる言葉ですが、ここではあえて一般的な解釈としての、僕たちの思いに応えた仏様が「不思議な力のはたらきで、生きとし生けるものを護《まも》ってくださる」という意味合いで考えてみたいと思います。信仰を持っている人でなくても、なにか「大いなるもの」が守ってくださるような感触を感じることがある人も多いと思います。

この「加持」の力と交流するための心がけとして、「瑜伽」の「身体・言葉・意」のはたらきを一致させるという動きは、修行を離れた生活の中でもヒントにすることができます。

たとえばみなさんの中でそれらは重なっているでしょうか。たとえばあなたの言葉と心は、離れていることが多すぎませんか。僕はそう問われるとドキッとします。「いつも正直」ですと、なかなか難しい場面もありますが、「言葉と心が一致する場面を増やす」。そして体を使った行為も「言葉」「心」と寄り添わせる。「とにかくやってみる」ことも、身体に言葉と心を重ねる「練習」になります。

あまりにも基本的な態度ですが、意識しないと離れていくのもまた現実です。「身体・言葉・意」を少しずつ結びつけることを意識してみてください。密教では、この三つを身口《しんく》意《い》と呼びます。

「瑜伽」は密教の根本となる、すこぶる重要な概念です。今あげた例にかぎらず、人為的に物事を「分けてしまう」自分を少し見つめて、「融け合う」ことをイメージしてみてください。

坊さん、何もしないⅡ

「日々に読誦《どくじゅ》し作意《さい》し思惟《しゆい》せば」ノ巻

「考えるべきことを〈じっくり考える時間〉をもっと持つ」

娘の本

軽い体調不良で学校を休んでいた長女が、元気になり栄福寺の境内で遊んでいた。僕は日向《ひなた》ぼっこしながら相手をしていて、なんとなく「お父さんは今から仕事で文章を書くのだけど、どんな内容を書こうかね？」と尋ねてみた。するとしばらく考え込んだ娘は、

「うーーん。お父さんはお坊さんだし、『お坊さんになるための覚書《おぼえがき》』という本を書いたらどうかしら」

ずいぶんと渋いタイトル・センスである。最近は、愛読していた漫画の『日本の歴史』に飽きたらしく、『風の谷のナウシカ』の原作を読みふけることが多くなった。寄藤文平《よりふじぶんぺい》さんの著作『ウンココロ』（藤田紘一郎との共著）や『死にカタログ』は、表紙が取れるほど愛読。もっと小さい頃は、谷川俊太郎さんと元永定正《もとながさだまさ》さんの絵本『もこ もこもこ』に姉妹二人でずいぶんお世話になった。僕が本を好きなせいもあるかもしれないし、本人も好きなほうなのだろうが、子どもの生活にとって「本」という存在が、想像よりもずっと大きなものであることに気づく。もちろん、どうしても触ってみたいスマートフォンやタブレットの魔法のような吸引力に驚く日々でもあるのだけど。

攻撃するということ

最近、ある出来事をきっかけに「人を無闇《むやみ》に攻撃すること」は想像よりも、はるかに怖いことだなと思わされる体験をした。あまりいい出来事ではないのだけど、なんとなく自分の頭の中で整理されずに、モヤモヤと残っているので、書いてみたい。

ある評判の悪い人がいた。僕も人のことは言えないけれど、とにかく評判が悪い。口が悪い、行動が粗暴、連帯性に欠ける（やはり他人事ではないな）。その人をめぐるトラブルが近しい人のあいだで話題になることも多かった。しかし僕は内心、「その人が悪い」とは決めつけないようにしていた。「人と人のトラブルは、〝どっちが悪い〟って話じゃないしな」と中立的な立場を保とうとしていた。

最近、その「評判の悪い人」が、個人的に僕のことを攻撃することがあった。するとすっかり、僕もその人のことが「かなり嫌い」になったのだ。僕は自分の心の豹変《ひょうへん》ぶりに驚き、また心のもろい性質をみる気分で、それに気づいた時、思わず苦笑いをしてしまった。

そして、それは「弱さ」でもありながら、すごく自然な生物としての人間の性質でもあると思う。

どの方向にさがし求めても、自分よりもさらに愛しいものをどこにも見出さなかった。そのように、他人にとってもそれぞれの自己が愛おしいのである。それ故《ゆえ》に、自分のために他人を害してはならない

『ウダーナヴァルガ』―感興のことば―第五章、一八

という仏典の言葉はやはり端的だった。生命には自分を守るという「機能」がある。おそらくその機能を部分的に解除するというところにも、仏教の大切な妙味が含まれるのだけど、なぜかこの体験を最近、ずっと思い出している。

ようするに「人を無闇に攻撃することはわりに怖いことである」ということを咀嚼《そしゃく》しようとしていたのかもしれない。そして、自分とは関わりのない噂話《うわさばなし》ではなく「直接、無闇に攻撃する」ことで、その怖さは心の中で大幅に増幅される。

社会の中で人と関わっていると、批判することも激しく反論することもある。しかし「直接、無闇に攻撃する」ということは、僕たちがちょっと考える以上に巨大な遺恨《いこん》を残している。先ほど挙げた仏典は、「自分のために他人を害してはならない」とシンプルに結ばれているが、まさに慧眼《けいがん》である。

長々と書いてきたことの結論が、「直接攻撃することに、注意深くあろう」という標語のようなものになってしまったが、わりに大事なことだ。今、さまざまな場面で、あまりにも容易《たやす》く、人や何かを「攻撃」することを目にすることが多いから。

> 七岳という神霊は答えた、〈かれは嘘をつかない。また粗暴なことばを発しない。また中傷の悪口を言わない。くだらぬおしゃべりを言わない。〉
> 『スッタニパータ』一五九

僕にとって「くだらぬおしゃべりを言わない」自信はまったくないので、「中傷の悪口を言わない」ぐらいは気をつけよう。自分のためにも。

攻撃すること、はわりと怖い。

自由は限定的であってもすぐ近くにある

文章を書いたり、何かを伝えようとしたり、坊さんをしたり、生きたりしている中で、いつも考えてしまうことを書いてみたい。「自分が欲しいものを作る」のか「(自分の想定している)受け手の人が欲しいものを作ろうとする」のかという命題である。想像するに、あらゆる仕事、人生ではこの局面がある。「自分の使いたいボールペンを作る」のか「買う人が欲しいボールペンを作る」のか。「彼女の行きたい場所に行く」のか「僕の行きたい場所に行く」のか。もっとも納得しやすい答えは、「そのふたつが交わる部分を探す」だと思う。「だからこそおもしろい」なんて言われると、思わず頷《うなず》いてしまう。その通りなのだけど、ずっとこのテーマも自分の中でモヤモヤしていた。

じつは、このことを考えている時(よく考える)に、頻繁に思い浮かべるのが「お葬式でのお坊さんの法話」である。この文章を読んでいる人の中で「お葬式の時に法話をしたことがある」という人がどの程度いるのかはわからないけれど、よかったらちょっと想像してみてください。

その時、当たり前だけど、僕の中には「表現欲」のようなものは、まったくない。「自分が何を語りたいか」なんてことを考える隙間がない。

そこに集まった亡くなった人の家族や友人、あるいは亡くなった本人が、この場所で「どのような言葉を今、聞きたいか。聞くべきか」。それを全身で感じ、伝えようとする。うまく話せないこともあるけれど、それをしようとする。残された人たちが前を向くために、少しでも「励まされる」ために。

これを「表現」に置き換えたとして、「自分の表現したいことよりも、相手やお客さんの声に耳を澄ませればいいのだ」と言ってしまえれば話は簡単だけれど、僕自身は必ずしもそうは思わない。

僕には好きになれない音楽がある。好きになれない人がいる。

それと同じように、好きな音楽がある。なんとなしに好きな人がいる。

そして、自分が発したい言葉の質感やメロディーがある。つまり表現して、伝えたいものがある、ような気がする。

だから「これが正しい」とは言えないけれど、「こうしようと思う」ということは、言えると思う。

「自分が好きなものを書く、表現する、伝えるという〝チャンネルを持つ〟」ということだ。これは、文章を書いたり表現することを趣味や生業にしていない人にも関係のある話だと思う。

人は、さまざまな場面を持っていて、「好きなことを、好きなように発する」場面だけではなく、「相手に寄り添う」べき場面もある。あるいはそういう「役割」がある。先ほど書いた「お葬式のお坊さん」などもそうだと思う。「人の為《ため》に生きざるを得ない」時間と役割を持つのは、僕にとってはある種の救いだ。

しかし、そこだけで生きる必要もない、と僕は考える。自分の好きな毛糸と形と色でセーターを編むように、ただ自分の内面に向けて放たれるものがあってもいい。あるいは、そういったもの抜きに人は生きにくい。

自由に歌うことができることもひとつの大切な救いだ。だから僕もあなたも好きな声で歌う時間があってもいいと思う。好きな物を作ってもいいと思う。両方あったほうがいいかもねと思う。

「自由になれることなんて、ほとんどない」と諦める前に、「自由は限定的であってもすぐ近くにある」ということに気づくことだ。

来ないかもしれないものを待つ

大きな声では言えないが、自分がインターネットをやりすぎていると思うことがここ数年、多い。「坊さんがインターネットをやりすぎている」というのも、非日常かつ奇抜な感じがするが、事実だ。

念のため言っておくと、インターネットは悪者ではない。あるいは悪者にはしたくない。僕が長く連載していた文章を発表するきっかけになったメディアは、インターネットであるし、今でも便利に使っている。

ただ、Twitterやフェイスブック等のSNSを、スマートフォンでみることが一般化して以来、自分の行動や発言の「反応」を追っている人がかなり多くなったはずだ。しつこいようだが、坊さんである僕もそのひとり。

けれど、僕はこれからそのバランスをかなり大きく変えたいと思っている。それは、その「反応を追いかける」心の姿勢が、インターネットに繋がっていない時の心にも影響を与えていると感じたからだ。

ある禅宗のお坊さんが、坐禅のことを「コセコセせずに一服せよ」である、と話されていたということを聞いてから、最近、その言葉が気に入って人に話すことが多い。仏教全般にも、僕のいる「四国遍路」にも太く繋がった言葉のような気がしている。

しかし、なんのことはない、自分がそれをできていない。

「コセコセせずに一服せよ」とは、僕の勝手な解釈では「待つ」ということだ。来るから、待つ、のではなく、来るかもしれないし、来ないかもしれないものを、ただ平気で待ち続ける。ぼーっとする。リラックスして休むように。

この待ったり、ぼーっとしたりすることが、人がわくわくとしながら、まともに生きるために、大事なことかもしれない。「ぼーっと待つ勇気」。そんなものを僕は持ってみたい。人の反応を気にしすぎたり、小さな取るに足りない情報をただダラダラと追いかけている姿は、そこからすごく遠い。

亦《また》望むらくは其《そ》の中間《ちゅうげん》に於《おい》て住処を出でず、余の妨《さまたげ》を被《こうむ》らざらんことを

弘法大師 空海『遍照発揮性霊集』巻第四

＊

現代語訳

また心中望むことは、この期間中、修法《しゅほう》の場を立つことなく、他から妨げ煩《わずら》わされないことである

弘法大師空海ほどの人物であってもやはり、大事な時間に、他から妨げが入らないことに細

心の注意をしていたことは、さまざまな文章から推測される。僕たちのような凡人はいわんやである。

今までは自ら飛び込んで、その「妨げ」に近づいていたようだ。少し、距離をとってみたい。インターネットもスマートフォンもSNSもとても便利だ。これからも使う。しかし、その対極にある「ぼーっとした〈待ち〉の時間」を失っているとしたら、とてももったいないし、バランスをシフトさせて、むしろそちらをメインに持ってこようと思う。

攻撃、自分の声、待つ時間。

すべて「バランスの再調整」の話のような気がする。

密教経典『理趣経』から感じる智慧⑤

もしよく受持《じゅじ》して日々に読誦《どくじゅ》し作意《さい》し思惟《しゆい》せば

『理趣経』第一段より

現代語訳

もし（この経典の教えを）心に留め、日々に読み上げ、心をめぐらせ、深くその意味を考えるならば

*

心をめぐらせる

経典との「付き合い方」について書かれた場所です。お経は「読み上げるだけのもの」ではありません。内容を「心に留め」「心をめぐらせ」「じっくりとその意味を考えること」。それでこそ経典の本来の功徳を得ることができます。

お経という話題を離れてもそうではないでしょうか。日々の中で、「小さなこと」であっても「大きなこと」であってもじっくり考えることは大切な時間です。考えているようで、考える「時間」が足らないことが、僕たちにはあります。

そこに、「ぼーっとした待つ時間」も加えてみましょう。「考えること」も「ぼーっと待つ時間」も、僕たちには両方足らないような気がしています。

「清《しょう》浄《じょう》の句」ノ巻

「大切なことは、時に違和感をもって迎えられる」

長女が小学校に入学する

長女が小学校に入学した。自分で選んで買ったランドセルは黒だった。

それを聞いた時は少し驚いた。しかし現物を見てみるとネコの装飾があしらわれていたり、見えないところに薄い紫色が使われていたり、「女の子仕様の黒いランドセル」だった。入学したのは、僕が栄福寺に住みはじめた小学四年生の頃に通っていた学校と同じ小学校。

同級生の女の子は七人で、僕が通っていた頃よりも、かなり少なくなっている。坊さんである僕も、ひとりの父親でもあるので「ちゃんと友だちできるかな……」と、入学当初は自分のこと以上に心配でソワソワしていた。

そんな時に、テレビ番組で菅野仁《かんのひとし》さんの『友だち幻想』という二〇〇八年に出版された本を又吉直樹さんが紹介されているのをみて、なんとなくピンときて購入した。

テレビでは気づかなかったけれど、著者の菅野さんは、一九六〇年生まれの大学教授をされていた方で、二〇一六年に若くして病気で亡くなられていることを知った。僕はなんとなくこの菅野さんが気になり、インターネットを検索していると、菅野さんの生前のTwitterを見つけた。最後の書き込みは奥様であり、九月二十九日に彼が亡くなったことの報告が記してあった。

彼のTwitterをさかのぼりながら少し読み進めていると、

Hitoshi K. @taka_3390　２０１６年９月７日

きちんとした座禅を組みたいのに、背骨からの線を10分でも保てるほどに体全体の体力が戻っていない。藤田一照《いっしょう》老師の『現代坐禅講義』を読んでいると、本気で座禅したくなるよなぁ

という亡くなる直前の書き込みを発見して、しばらく動くことができなかった。藤田一照師は僕もとても好きな僧侶で、世界や日本のさまざまな場所で仏教や坐禅を指導されている方だが、僕とは同じ愛媛県出身ということもあり、栄福寺での対話イベントで話していただいたり、東京や葉山まで行って仏教や坐禅の指導を受けたことが何度かある。

亡くなる直前の方が、自分の存じ上げている僧侶の名前を挙げて、「もっと仏教の修行をしてみたかった」と声を出されているのを目の当たりにすると、今、自分が生命を保持して動くことができて、考えることができるということが、当たり前のことではないのだな、と感じる。

それは、なにも仏教についての話ばかりでなく「自分が生命を持っている、とても限定的な期間に何をするか」ということを、もっと腰を落ち着けてシリアスに考える、感じる場面があ

ってもいいのかもしれない。

松山の中高一貫校での講演にて

先日、松山にある私立の中高一貫校に呼ばれて、全校生徒の前で「お坊さんと人生の話をしよう」という演題の講演をした。その時に、「年を重ねてくると、嫌いな人もずいぶん増えてきますが（ジョークのつもりで言ったが、あまり受けなかった）、自分の好きな人や尊敬する人も増えてきます。それは素晴らしいことですが、気づいたら〝尊敬する人がそう言っているから〟と自分で考えることを怠けることがあります。なので、できれば人に聞く前に、自分でも考えたほうがいいと思うよ」という話をした記憶がある。そんなことを話した後なので、ふと自分の「好きな人」について考える機会があった。

僕はその講演では、「好きな人」「尊敬する人」の注意点のようなもの（自分でも考えることの大切さ）を話したのだけど、「好きだった人」が、今の自分に突きつけるものもやはりあると思う。考えてみると僕は、アンドレ・アガシと河合隼雄《はやお》が好きだった。アンドレと聞くと、「アンドレ・ザ・ジャイアント」という巨漢のプロレスラーが思い浮かぶ人も多いと思うが、アガシはアメリカ人のテニスプレイヤーだ。

僕は中学生から軟式テニスをやっていて、アガシは硬式テニスのプロ選手だったから、同じ競技ではないのだけど、とにかくアガシが好きだった。僕の記憶違いやらもあると思うけれど、あえて調べずに当時の記憶のまま書くと、金髪の長髪にど派手なユニフォームを着て、観客が熱狂する姿は、ほとんどロックスターだった。「トリックスター」を自ら演じる姿がなんとも格好良かった。そしてちゃんと強かった。当時交際していた彼女は有名な女優で、アガシは髪が薄くなるとスキンヘッドにしていた。髪が薄くなったことには、とくに憧れなかったが、結果的には僕もスキンヘッドになった。

坊さんである僕は、今回のように学校で人生を語ったり、テレビで人生相談をしたり、市会議員のみなさんの勉強会で講話をするような仕事も多くなってきた。それはたぶん悪いことじゃない。

でも、中高生の世代を前にした後に、「アンドレ・アガシを好きなお前を忘れるなよ」と僕はちょっと感傷に浸《ひた》っていた。

異形の姿で世に現れ、時代の同調圧力や常識に舌を出し新たな価値観を提示する。お坊さんには、きっと「安心感」とはちょっと距離を置いたそんな側面も必要だ、なんてことを感じていた。

今、聞こえてくる河合隼雄さんの言葉

河合隼雄さんについては今でも著作等を愛読されている方も多いだろう。すでに故人であるが、ユング派の心理療法家でありながら、文化庁長官も務められ、仏教に関する著作もいくつかある。

僕は、高野山大学の卒業論文を「密教と現代生活」というテーマで執筆したのだが、二十一歳の僕にとって、その「現代」という時代が何なのか、まったくとらえどころがなかった。その時に触れたのが、作家・村上春樹さんと河合隼雄さんの対話集であった。

その後、河合さんの著作や対談を繰り返し読むようになり、生前、一度だけ四天王寺で行われた講演を聴くことができたのは、貴重な経験だ（「私のスーパーバイザーは、スーパードライです」という冗談が今も耳に残っている）。

今その河合隼雄さんのことをよく思い出す。どんなふうに思い出すかというと、

「河合さんなら、一、昔はよかった。二、いいことをすると解決します。とは絶対に言わないだろう」

という文脈が多い。これも油断するとついつい坊さんである僕が、言いそうになってしまうことだ。言ってもいいのだが、そこだけにかじり付いていると、いい予感がしないぞ、と河合隼雄を好きな僕がいつも自分に釘《くぎ》を刺す。

河合さんは、冗談を交えて丁寧に、「昔は良さそうに見えるけれど、だめなところもずいぶんあった」とけっこう言いにくいことを言い続けていた。そして確信を持って想像するのだけど、「あなたのその心の悶《もだ》えは、〝いいこと〟をしていると、晴れてきますよ」とは言わないだろう。

そういう目線をずっと持っておきたい。

怒りは「エネルギーの流れが行き場を失う」とき発生する

外国人のお遍路さんが増えてきたこともあり、ドイツのメディアから（日本語で）メール取材があり、今日その返信を書いていた。返信は「長ければ長いほどありがたい」ということもあり、一時間ぐらいで書くつもりが、気がつくと三時間近くメールを書いていた。

その中でこんな質問があった。

――二〇一八年から新たに遍路をはじめたと伺いました。遍路をはじめるにあたり、マイルールを決めたそうですが、その中に「できるだけ怒らない」ということがありました。日常生活でも怒りが世界に悪い影響を与えることが多いと思いますが、「怒らない」の目標を達成するためにはどうしたら良いのでしょうか？

僕は自然に、こんな答えをしていた。

〝大きな声では言えませんが、私はけっこう怒りっぽいのです。ですので自分自身への反省として、そのようなルールを自分に課しました。

私の「怒り」は反省すべき小さな怒りですが、怒りについてこんな話をしてみたいと思います。

仏教にはさまざまなバリエーションがあり、空海の修行した教えは、仏教の歴史の中でも密教と言われる仏教です。その教えの特徴として、「怒り」の表現が発生することがあります。たとえばこの時代には怒りの表現を持った仏像も登場します。

つまり単純に「怒り」を否定しないのです。少し哲学的な話になりますが、仏教がその思想において一見、否定しているように見える「エゴ（自我）」もそうです。「怒り」にしても「自我」にしても、さまざまな階層があると考えています。

空海の密教では、持つのであれば〈大きな〉（それはたとえば「微細」とか「巨大」などとも言い換えられるでしょう）「怒り」や「自我」を持ちなさい、と言うのです。空海はそれを「大我《たいが》」と呼んだりします。

その〈大〉は〈小〉に対する〈大〉のような相対的なものではなく、〈絶対的な大〉です。なので、怒りを消そうとするよりも、もっとスケールの大きくて絶対的な「怒り」「自我」に着目するというのもひとつの方法かと思います。

もう少し現実的な話をすると、私自身は小さな害のある「怒り」を「エネルギーの流れが行き場を失っている」ように捉えています。ですので怒りを消すよりも、自分の持っているエネルギーの行き場を見つけてあげる、心と身体のエネルギーの交通を循環させるような方法がいいと思っています。その方法のひとつの可能性が四国遍路にもあると思いますよ〟

そんな返信をしながら、僕はどこかでアンドレ・アガシと河合隼雄のことを考えていた。

もうひとり忘れられない人がいた。『スヌーピー（ピーナッツ）』に登場するチャーリー・ブラウンだ。僕は彼の欠点がとくに好きだ。弱気で繊細すぎて、よせばいいのに言わなくていいことでは、わりとよく舌が回る。

アンドレ・アガシと河合隼雄とチャーリー・ブラウン、そんな人たちのことを思い浮かべながら、自分の生活と仏教の未来の一ページをのぞいてみたい。

密教経典『理趣経』から感じる智慧⑥

いわゆる妙適清浄《みょうてきしょうじょう》の句《く》、これ菩薩の位《くらい》なり

『理趣経』第一段より

＊

現代語訳

性的なよろこびも本質的には、清浄な境地であり、それは菩薩の悟りの尊位である

新しい驚き

『理趣経』の中でも、とても取り扱いの難しい箇所です。ですが、この部分を避けてしまうと、理趣経の本質は余計誤解されてしまうという思いから、あえて紹介することにします。

ここに見られる性表現は、多くの伝統的解釈の中で「あくまで比喩」とされてきました。僕もそう思います。たとえばそれは、自己も他者も大自然も分け隔てのない無二とすることを、男女の交わりにたとえているとされます。

それは大切な見解ですが、経典の中でこういったストレートな性的表現が出てくることには、当時の人たちも驚いたでしょうし、経典を編んだ人たちにとっても葛藤のようなものがあったと想像します。

でもこういった表現は必要だったと思います。人々に新しい仏教の到来を告げるには、今まで単純に否定されてきた存在をあえて持ってきて、「これも最上の性格を持っているぞ」と高らかに宣言する驚きが必要だったのです。そうでなければストレートに「自分も他者も自然も一体です」と書けばよかったはずですから。

ここで僕は、経典に書かれている本質的な生命エネルギーの肯定に加えて、「新しい驚きを持った表現が必要な時代がある」ということ、そして「〈大切なこと〉は時に、〝言いにくさ〟〝違和感〟を抱えていることがある」ということも受けとりました。

「大切なこと」を伝える言葉は、いつも耳に優しいとはかぎりません。

「熙《き》怡《い》微《み》笑《しょう》して」ノ巻

「願いを持つなら、楽しく喜び笑いながらやってみよう」

自然災害が多い中でのお寺の事業

来年、栄福寺では、「常楽会《じょうらくえ》」という七年に一度まわってくる行事（釈尊入滅の儀式）が予定されている。そこで毎回、お寺の檀家さんたちに寄進を募って、記念事業をすることが多いのだけど、今回、僕たちは本堂や大師堂の「耐震工事」を考えていて、建物の調査や耐震設計、大工さんとの打ち合わせなどが進んでいる。この事業は、阪神大震災を経験した妻の提言があっての計画。お寺のこういった事業を社会に「みてもらう」ことで、〈いつか起きるかもしれない災害〉に対して、「知ってもらう」。意識を向けてもらう」という意味合いもあると思っている。

今年は、日本でも四国でも災害が多かった。栄福寺の近くにも、数十年前に水害があって多くの人が亡くなった時に、供養のために作られたお地蔵さんがあるけれど、そういった災害は、子どもの頃からどこか「昔の話」だった。しかし今年は、そういったことが身近にどんどん起こる。

数年前から考えることがある。自然災害の多い今だからこそ、人々が神仏に祈り、もっと曖昧で普遍的な意味での「祈る」ということに触れることができるような「何か」を始められないかな、ということだ。「自然」に対して手を合わせ、集まったみんなで（数人でもいい）「どうか鎮《しず》まりください」「災害が起こったとしても、どうか少しでも被害を少なくしてください」「そのためにも自分たちは、仏や自然と繋がる生き方を模索します」ということを確認しあうような〈祈る〉集まり、そんなことができればいいなと思う。

それから考えに考えて、本堂に「エアコン」を付けてみることにした。もちろんないほうがお堂のデザインとしては「綺麗」なのだけど、今年の夏は法事が終わるたびに、たとえば高齢のおばあちゃんたちが暑すぎて「水行の後」のような雰囲気になっていることや、冬のストーブの火の元の危険を考えて決意しました。「残念ながら……」という気持ちもありながら、相当楽しみです。

新しい「集中法」報告

僕は、集中力に問題がある。だからこそ興味が次々に移り変わり、いろいろなことを思いつき、仕事や寺での動きにつながる面も多いのだけど、現実的にはとても不便だ。たぶんそういう人は読者の方にもわりと多いと思う。ということもあり、日々「集中法」を考えているので、今回も新しい方法をご披露《ひろう》したい（会場からはまばらな拍手）。「まず十分ぐらい強制的に〈やる〉」という方法である。僕は今まで、集中法として「やるべきこと」に対して「やる気が起きない」時は、「なにもしない」ことを自分に許してきた。するとですね、僕は惰性《だせい》に任せて「本当になにもしない」ことが多かった。微笑ましいといえば、微笑ましい坊主だ。

この「なにもしない」ということは、生きることにも仏教の深いところにも結びついたコンセプトだと感じていて、ある僧侶に「なにもしない」という演題で講演を依頼したこともある。しかし現実に、即物的に「なにもしない時間」が続くと僕も困ってしまう。

だから掃除でも、文章を書くことでも勉強でもなんでも良いのですが、「やりたい」時には、携帯電話やアップルウォッチなんて当然手の届かない所に置いておいて、「十分〈とにかく〉止めないで、やってみる」。するとあら不思議、一時間半ぐらいできてしまう。その後は、体操したり、お湯を飲んだり、トイレに行って、十五分ぐらい休憩。そしてまた九十分の「集中コース」にご招待。口で言うほど簡単ではないのだけど、けっこう今までよりもいい感じでやっている。

自己啓発本のようなタイトルで言うと、『僧侶式　十分まずやって、結果的に九十分やる集中法』（長いな）ということになるのだろうか。

そういえばお坊さんの世界には、「まず、つべこべ言わずにやってみろ」という文化がずっとあって、僕はそこに「運動部」のような雰囲気を感じることがあって、ちょっと苦手な時がある。しかし、あくまで「一面」としては、ああいう「まずやってみろ」文化を、自分なりに取り入れたい気持ちにもなっている。よかったら、お試しを。

僕の風邪予防

そんなことを書いていたら、僕がよくやる「風邪をひきにくいような気がする方法」を思い出した。これは根拠がまったくない。だから希望者以外は真似しないでください。

僕は、風邪をわりとよくひく。そして「風邪をひいた状態」というのが、嫌いだ。「風邪ひくのなんかみんな嫌だよ」とあなたは言うでしょう。でも、僕はたぶん他の一般的な人よりも風邪をひくのが嫌いだと思う。

この方法は、具体的ではない。ただ「気持ちの操作」をするだけだ。

ある外国人が書いた本で、病気になったら、その病気を攻撃することを何度も心の中でイメージしてください、という内容を読んだことがあって（すごい本だ）、不思議と心に残っている。

僕の方法は、その「逆」の方法だ。みなさんも、「あ、今のが風邪をひいたサインかな？」というようなことがあると思う。寒気がしたり、ちょっと喉が痛かったり、「あー風邪かなぁ」という瀬戸際のあそこです。

そこで、「あ、嫌だなぁ。風邪をひきたくない！」と強烈に思うのではなく、「あ、風邪ですか。よろしかったら、しばらくお越しください。それもいいかもなぁ」と〈受け入れる気持ち〉でいるという方法だ。すると結果的に朝起きると「風邪をひいていない」ことが多い気がしている。これは根拠もないし、たぶん現実的、統計的には「嘘」の話なのですが、自分自身としても気楽に風邪に向き合えるので気に入っている。

僕は、お坊さんということもあり、仏教の修行のなかで、「ああいう感覚が欲しいな。わかりたいな」と思うことは多い。でも、この「風邪の方法」を参考にして、最近は「なにかを感じよう、観よう、フィーリングを得よう」と力むのではなく、リラックスして「よろしかったら、しばらくお越しください。ただ私は、ここにいます」という気持ちでいようとすることが多い。

そして生活の中でも、この「ただ、ここにいる感覚」というのは、大切にしたいと思う。

仏教の中にある「敵対しない」という智慧

見たり、学んだり、考えたりしたどんなことについてでも、賢者は一切の事物に対して敵対することがない。かれは負担をはなれて解放されている。かれははからいをなすことなく、快楽に耽《ふけ》ることなく、求めることもない

『スッタニパータ』九一四

人生の中で出会う、いろいろな事象を見分けながら、ある場面においては意識的に「敵対することがない」というのは、練習したり、鍛えることのできる感覚ではないかと思う。

そしてふと弘法大師のこんな言葉が目についた。

仮に非相《ひそう》に託《つ》いて非形《ひぎょう》を示現《じげん》す

弘法大師空海『三教指帰《さんごうしいき》』

＊

現代語訳

仏は本来は無相であり無形であるけれども、仮の姿を十方《じっぽう》に現す「仏」なるものが、形がないものでありながら、世界のあらゆる場所に現れているとしたら、それは「戦うことをやめた態度」の中からも示現するのかも、と想像する。

密教経典『理趣経』から感じる智慧⑦

欲《ねが》うが為の故に、熙怡微笑《きいみしょう》して

『理趣経』第一段より

現代語訳

願うから、楽しく喜び微笑みをうかべて

＊

願いを叶える表情

『理趣経』第一段の中で登場する菩薩が、お経の内容を明らかにしようとする時の表情の描写です。「お経の内容を明らかにする」ことが楽しかったのでしょうね。

そして僕はそのほうが、「願い」が叶いやすいと思います。

多くのことは、楽しそうにうれしくやっていたほうが、うまくいきます。ですから「なにかをやる」時の態度として、思わず笑顔になるような、楽しくできる方法を見出すこともいいやり方でしょう。これは何気ないようなことですが、僕にとっても自分の根底にある思想です。

なにかがうまくいかない時、心が曇ったまま、表情もさえないままやってはいないか、そこから考えてみましょう。

とても身近な場面でのたとえ話をもうひとつしてみると、僕は物をよくなくすのですが、そういう時に、あえて実験するようにイライラしながら探すのを止めて、わざと笑顔で探す時間を持ってみます。するとあっさり見つかることが多いのは、僕だけでしょうか。

「大《だい》菩《ぼ》提《だい》は一切分《ふん》別《べつ》無《む》分《ふん》別《べつ》」ノ巻

「時には言葉にせず、ただ世界を味わってみよう」

世界中からお坊さんがやって来る四国遍路

先日、上座部《じょうざぶ》仏教（初期仏教）僧のような法衣を着たお坊さんが歩いて四国遍路に来られたので話しかけてみると、台湾から来た僧侶だった。

「若い頃にインドで修行しました。今は台湾で〝南無阿弥陀仏《なむあみだぶつ》〟の修行を中心にしています。でも今でも年に一回は（インドの仏教聖地である）ブッダガヤにも行っていますよ」

と日本語で話してくださった。これまでにもタイで修行した高名な日本人僧侶に栄福寺でお会いしたことがあるし、チベット僧にも韓国僧にもお会いした。

車やバスでお参りされる四国遍路の巡拝者数は、減少傾向にあるのだけど、今、四国遍路が世界からバックパッカーだけでなく、仏教僧がやって来る場所になっているという新しい傾向があり、時々、海外からのお坊さんにお会いできるのを、僕は楽しみにしている。

世俗の中で仏教と関係を持つ

五体投地の礼拝行を百日間連続で、一〇〇回する修行をしていたのだけど、ある日、やるのを忘れていて九十三日目で途絶えてしまった。しかし二日ぐらい休んで、またなんとなくリラックスしてはじめている。そのことを、時々指導してくださっている僧侶に話すと、「それぐらいが可愛くていいよ。なにごとも〝絶対〟はよくない」と励ましてくださった。

四歳の次女に僕が、

「本堂で百礼《ひゃくらい》してくるよ」と言うと、

「私も行く」と時々ついてくる。

そして、本堂の座布団に寝っ転がって遊んだり、五体投地の後に僕が拝んでいると、鐘をゴーンと鳴らしたりしている。

海外のお坊さんに会う機会が増えると、「家族もいて、子どもと住んでいる現代の日本のお坊さんって、不思議な存在だろうな」と自分でも思う。しかしちょっと自己弁護的な言い方が許されるとしたら、「自分が一般的な生活の中でも〈仏教と関係を持とうとする〉というトライ自体が、僧侶以外の人々にとってもそのまま〈世俗の中での仏教〉の提案にもなり得る」ということも言えるな、と感じる。

子どものワイングラス

次女は最近、寝る前にウォーターサーバーで水を飲むのがお気に入りのようだ。

「今日は、好きなコップで水を飲んでいいかしら?」

食器棚の前で独り言のように女優風につぶやいていた。

「いいよ。好きなので飲んだら?」

「アハハ!」

娘はそう笑うと食器棚にあったワイングラスになみなみと水をついで、僕にさらに大きな笑顔で笑いかけた。どうしても使ってみたかったのだろう。僕はふと「そういう物欲って、ちょっといいな。ありだな」と思った。

自分の子どもを抱っこしていると、「動物だったら、ここで甘噛みするだろうな」と思うことがある。いつもは、そんなことをしないけれど、ある日思いついて本当に甘噛みをしてみた（四歳だったら、まだ許される気がした）。ガブリ。すると娘はとても冷静な声で、

「これ、お気に入りの服だからやめてね」と言った。

僕はその時も、「そういう物欲ってちょっといいな」と思った。そもそも「甘噛み」なんてするべきじゃないのかもしれないけれど。

「物質的な欲望」のような、今まで仏教がわりと簡単に否定してきたものも、子どもたちと世俗で暮らしていると「あ、いいな」と素直に思う「ちょっとした欲望」を感じたりする。

ふわーっと聴く。力を削ぐ

心理療法家の河合隼雄さんと鷲田清一《わしだきよかず》さんの対談本の中で、河合さんが、カウンセリングで人の話を「聴く」時に、「ぼやーっと聴く」「ふわーっと聴く」ことの大切さを話されていたのは、印象的だった。

ふわーっと受けてるわけだから、向こうはどこへも動けるんだけど。どうしても最初のうちは一生懸命やるから、ことばを摑《つか》んでしまうわけです

『臨床とことば』河合隼雄・鷲田清一　朝日文庫

そして、それに続いて、ふわーっと聴くのは修練がいるけれど、修練すればできることだと話されている。

僕はこの話を読んだ時、妻の最初の師僧になってくださった僧侶の話されていたことを思い出していた。彼は国立大学の西洋哲学の先生から、空海研究の道に進まれ、高野山で僧侶修行をした人物だ。僕の記憶違いもあるだろうけれど、こんな話だ。

「密教の修行をはじめた時、最初は何でこんなことをしているんだろう、と正直思った。でも肉体的に疲れてきて、覇気だとか力、パワー、エネルギーのようなものを削《そ》いでいったような静かな意識で瞑想修行に対峙した時に、感覚が変わってきた」

僕はこの僧侶が話していたような、「静かな意識」のようなものと、河合さんが話されている「ふわー」「ぼやー」っと聴くということは、どこかで繋がっていて、仏教の大切な部分とも重なって見えるし、そこを離れてもなにか大事な話のように受けとめた。

時に細部を見つめ、集中して聴くことも大切だ。しかしそこに加えて、時に静かに心と体を

なるべく〈ついやさず〉ふわーっと「聴く」。ぼやーっと「いる」。ある意味で、「恣意的《しいてき》にはなにもしないで」くつろぐ。

不二一体でありながら「悪しき者は去れ」

空海は、修行の場所として高野山を結界する時、こんな文章を残している。

所有《あらゆる》東西南北四維《しい》上下七里の中の一切の悪鬼神等は皆我が結界を出で去れ

弘法大師 空海『続遍照発揮性霊集補闕鈔』巻第九

*

現代語訳

ここの東西南北四方上下七里のうちのすべての邪悪な鬼神などは、みなわが境域から出て去れ

「悪」に対して空海は毅然《きぜん》と「ここを立ち去れ！　ここは私たちの場所である」と宣言する。しかしこの文章の冒頭では、絶対的な平等感もまた告げる。

夫《そ》れ有形有識《うぎょううしき》は必ず仏性《ぶっしょう》を具す。仏性法性《ほっしょう》法界に遍じて不二《ふに》なり。自身他身一如《いちにょ》と与《とも》んじて平等なり

弘法大師 空海『続遍照発揮性霊集補闕鈔』巻第九

＊

現代語訳

そもそも形あり識あるものは必ず仏性を持っている。衆生《しゅじょう》の中にある仏性も、非衆生の中にある法性も、宇宙にあまねく存在して不二一体《ふにいったい》である。自分も他者も平等でひとつである

弘法大師は、命あるものだけでなく、命なきものでさえも、仏の命を持ち一体であるとする。それは僕たちの密教の根本にある思想だ。

自分は、悪人どころでなく、あらゆるすべてと同じ命を共有している。

しかし、この場にいる悪しき者は去れ。

なかなか解釈の難しい言葉だ。しかし「そういうことってあるな」と自然に思う。あらゆる存在が尊い命を持つとしても、僕たちには「悪しき者」と決別するべき現実的タイミングがある。とりあえずぼやーっと観ながら、時々、しゃきっと姿勢と態度を引き締めてみたい。

密教経典『理趣経』から感じる智慧⑧

大菩提《だいぼだい》は一切分別《ふんべつ》無《む》分別《ふんべつ》の性《しょう》なるを以ての故なり

『理趣経』第二段より

*

現代語訳

大いなるさとりは、あらゆる虚妄《きょもう》（いつわり）の思慮を超えたところの無思慮の性質をもったものだからである

言葉を超える

仏教の教えに触れていると「論理的に考えること」の大切さを説くと同時に、時に分析的な言葉や概念をぽーんと超える方向性を感じることがあります。僕たちの生活の中でも、意味を超えて「ぼやーっと聴く」「ふわーっと聴く」という姿勢は、「考えること」と同じぐらい大切だと思うのです。

僕が教えを受けている師は、引用箇所にはありませんが、この『理趣経』第二段に出てくる「平等」という、密教にとってとても重要な言葉で教えを授けてくださいました。〈仏典に説く「平等」は、才能を画一化してしまうようなことではなく、それぞれのかけがえのない持ち味を見つけ出し、それを徹底的にいかして発揮させることだ〉ということなのです。

自分が経典から受けとったこと。師から受けとった密教の平等の意味。このふたつをみなさんと共有してみたいと思います。

坊さんは光る Ⅲ

「難《なん》調《じょう》を調《じょう》伏《ぶく》する釈《しゃ》迦《か》牟《む》尼《に》如《にょ》来《らい》」ノ巻

「この場所にある正しさに耳を澄ます」

お父さんはお坊さん

長女が小学一年生なので、時々、親である僕も行事などで学校に行くことがある。そんな時、少し年上の友人たちと遊んでいる娘の姿がちょっと新鮮で、ブランコに腰掛けて、しばらく眺めていた。

するとその友だちふたりと一緒に娘が、父親である僕のもとに駆け寄ってくる。そして丸刈り、ショートパンツにTシャツという、やや異形の姿をとった僕を友人たちに紹介する。

「私のお父さん、はげつるぴっちょのお坊さんなの」

友人の女の子たちは、顔をしかめ、娘にやや同情的な表情を浮かべ、そしてたしなめるように言う。

「……そんなこと、言うもんじゃないわよ」

自分なりに今まで、「仏教もお坊さんも、じつは相当格好いい」ということを伝えたくて活動してきた。そして、それなりの手応えを感じることも少なくなかったが、道はまだまだ途中らしい。正直な女の子たちは、その冷徹な事実を僕に告げる。むしろこの旅は永遠に続くのかもしれない。

長女にとってはじめての夏休みがはじまった。夕食の後、三歳の次女も連れて時々、お寺の周りを散歩する。栄福寺は農村にあるので、お寺の周りは水田が広がり、熱風のようだった昼の風も、少し温度を下げている。そして田の上にひろがった青や朱の夕焼けの空は、僕たちが住んでいる場所が、美しい場所であることを無言で告げる。

ちょうど畑に出ている栄福寺の総代さんが、

「キュウリ食べる？　持っていってくれや」

と、どっさりキュウリをくれた。

「お父さん、なぜあのおじさんは、優しいの？」

「総代さんは、お寺のリーダーだからね。お寺とお坊さんに優しいんだよ」

「お父さんはお寺のリーダーじゃないの？　住職なのに」

「お父さんもリーダーだよ。でも総代さんもリーダーだね」

「へー」という表情を浮かべた娘はキュウリが好物だ。

一日、一日の会話や出来事を振り返るたびに、もし僕が老人になるまで生き延びることができたならば、今日のような一日を思い出すのだろう。もしかしたら死の床でさえも、今日のような一日を思い出すのだろう。と繰り返し感じる。それが、本当のことかどうかはわからないけれど。

まず人にぶつける

「はげつるぴっちょのお坊さん」である僕も、Twitterを書き込むことも読むこともあって、時々「リツイート」で流れてくる、誰かの過去の名言風の言葉に、むむむと考え込むことがある。ある日、そんなふうに読む機会があったのが、ある映画監督（故人）の言葉だった。

本書を生み出す過程において私が学んだ最大のことはおそらく次のことでしょう。すなわち、自分に出会えない人生は他者とも出会えない、ということです。逆にいうなら、他者と出会うためには、まず自分と出会うことが必要であるということです

この考え方は僕もかなり同感で、おそらく今までならば、とっさに一〇〇パーセント共感してこの言葉を聞いただろう。しかしすぐに自分の師から伝えられた言葉も思い出した。

「最近の人は、自分のことで手一杯の人が多いね。外に出てこない。本当は、自分の考えを人にぶつけて、はじめて自分のことがわかるんだ。そしてまた人の話を聞いて、〝ああ、そういう考え方があるんや〟と、知るんだけどね」

正直に言うと、僕は「ひとり」の時間を増やさなければいけないと思っていた。人との時間が長すぎると、その楽しさや「何かをやっている」という感覚の中で、大切な何かが埋没してしまうような焦りを感じることがあった。その中には、「自分を見出さなければ、自分を見出さなければ」という強迫観念があったような気がする。

しかし今、師の言葉を振り返りながら「人に向かって正直に語る」ということが、そのまま「自分との出会い」なのかもしれないと、ヒリヒリと感じている。まず自分を見出すのではなく、その前に人に向かい自分を開く。

〝ひとりの時間を増やさなければいけない〟という気持ちに変化はないのだけど、その一方で、「他者によって知る自分」という感覚も胸に置いておきたい。

自説をくつがえされる準備

その時、自分なりに大切にしていることは、「自説をくつがえされる準備をする」ということだ。よく思うのだけど、国会中継を観ていて「あ！　ほんまや。そういえば、そうや。あんたの言う通りや。前言撤回、そうします」という言葉を聞いたことがない。僕が国会議員でもそうなるであろう。

しかし現実世界では、それが可能な「はず」である。しかし逆に、「自説だけはくつがえされないように」準備をすることが、自分を含めてなんと多いことか。

「自説をくつがえされる準備」をはじめると、すぐにわかることがある。それは、そういう思いを持って生きている人と、そうでない人の存在だ。

「人に向かって、正直に語る」「自説をくつがえされる準備をする」を大切にしてこそ、いい意味での「本当に〝こだわる〟べき自分」のようなものが、川底の丸石のような柔軟さで染み出てくるのかもしれない。ちょっと矛盾するわかりにくい言い方になってしまうけれど、本当に今、僕が大事にしていることは、「自説をくつがえされる準備をしながらも、自分で決める」ということだ。

「人に向かって、正直に語る」「時には自説をくつがえされる準備をする」。そして、そのうえで、「自分で決める、自由にやる」ということ。気になったらみなさんも試してみてほしい。

欲望を数える

何人かの僧侶が弘法大師の言葉を題材に法話エッセイを書く、という書籍の企画に参加している。この企画は言葉を自分で選ばず、監修をされている僧侶から言葉が割り振られてくるので、ふだんなら自分が選ばない言葉を担当することになり、そのことがちょっとおもしろく感じることがある。

僕が今回担当した言葉のひとつは、こんな言葉だ。

三界六道《さんがい》、長く一如の理に迷い、常に三毒の事に酔うて幻野に荒猟して帰宅に心なく、夢落に長眠《じょうめん》す。覚悟何《いず》れの時ぞ

弘法大師 空海『吽字義《うんじぎ》』

---

*

現代語訳

三界六道において、長い間さとりの真理に迷い、常に煩悩という酒に酔い、幻の荒野においてすさんだ猟に耽《ふけ》り、さとりという真理の本宅に帰ることを忘れ、夢の村落にいつまでも眠り続けるのである。彼らが目覚めるのはいつのことであろうか

僕は、この言葉の後に、自分自身も欲望に追いかけられている未熟な僧侶であるとことわったうえで、法話の中でこんな提案をしてみた。

一、僕たちの欲望は、いつか満たされるように見えて、じつは果てしがないということを知ること。二、その欲望は、幻かもしれないという気持ちを心に置くこと。三、欲望に追いかけられない時間を、少しでも持つこと。

さとりきっていない僕たちが、仏教をヒントに生きていくために、「欲望」をそんなふうにとらえてみる時間を積み重ねることもひとつの方法だと考えた。

しかしその本には書かなかったけれど、「俗世の中には、本当に〝ちょうどいい煩悩〟ってな

いのかな」ということを最近、少し思った。

もちろん(?)仏教、とくに出家者にとっては、その発想自体が悩みの種であるというのが、基本的な考え方であることを知識としては知っていても。


今の僕にとって、そして現代の社会において「余分な欲望を抑える」ことと同じぐらい「自分の欲望をまずは数える」「素直な欲望を見つける」ことも同時に大事なように思う。「いったい、あなたはどうしたいのか?」。

「あの人を助けたい」というのも広い意味では欲望だ。


誰かに強制されたり、時代の流れに無理矢理乗るのではない「素の自分の欲するところ」に、ちょっぴり敏感である。「自分を前に進める欲望」。

そんなふうな「欲望」は見つけて、数えられたら良いなと僕は思う。

そしてその中でまた、たとえば三毒と呼ばれるような貪欲《どんよく》(むさぼり)、瞋恚《しんい》(自分の心に逆らうものに怒り、うらむこと)、愚痴《ぐち》(おろかな無知)という煩悩の恐さを見つめてみたい。

密教経典『理趣経』から感じる智慧⑨

時に難調《なんじよう》を調伏《じようぶく》する釈迦牟尼如来《しやかむににようらい》は、また一切法平等の最勝を出生《しゆつしよう》する般若《はんにや》理趣を説きたもう

『理趣経』第三段より

＊

現代語訳

ついで調伏することの難しい（大自在天等の外道をも）調伏された釈迦牟尼如来は（降三世尊《こうさんぜそん》の姿をとり）現実に存在するあらゆるものが、主《しゆ》と客《かく》との対立を離れて平等であるという真理によって、制御するのに困難な内外の障害に打ち勝った境地を、現実に表現する般若の教えをお説きになった

「する」「される」を超える時間を持つ

この理趣経の第三段では、「一切法平等」が説かれています。ここでは、この智慧について、今回の現代語訳のように「主と客との対立を離れて平等であるという真理」という点に注目してみたいと思います。つまり「する」「される」という生活の中で自分たちで作りあげている概念を、一時的にでも解除する時間にチャレンジしてみましょう。もちろん簡単なことではありません。

時に主客という区別を大切に使いながら、「そうではない瞬間」にコミットするのです。それは「誰が」にこだわることなく、「この場所にある正しさ」のようなものに耳を澄ませることです（釈尊《しゃくそん》が悪魔をはらう時に、触他印《そくじいん》という大地に手を触れる印をみせるのも象徴的で、格好いいです）。仏教では、「正しさ」が魔を除く、とも考えられます。

僕は、この巻の文章の中で「欲望を数える」という〝煩悩を滅する〟仏教の教えとは正反対にも思えるような思いを直感的に書きました。それを密教的に捉えると、「人を救うような大きな欲を持て」ということになります。師はそれを、「欲を持つのだったらもっと大きなものにしていけ、次元を超えろ」と伝えてくださいました。

小さな欲の多い僕は情けないですが、今、その前の段階として「欲望を振り分ける」ことも可能かなと思っています。人間の欲望は多岐にわたりますが、人に迷惑をかけすぎてしまうような欲望もあれば、「あ、これは自分もうれしいし、人を傷つけることもなく、ある意味で社会のためにもなるやんか！」という欲望だってあります。

「欲望を昇華させる」という密教の本質的な思想を胸に抱きながら、まずは「振り分けてみる」こともおすすめします。

「世間一切の垢《く》は清《しょう》浄《じょう》なるが故に」ノ巻

「根本を見つめる」

お寺にはTシャツがいるのだ

僕は「お寺にTシャツが売っている」という風景がなんとなく好きで、二十四歳で栄福寺の住職になった時に「栄福寺Tシャツ」を作った。そのTシャツは、正直いうとあまり数は売れなかったけれど、今年また「Tシャツを作りたい」という気持ちがムクムクと立ち上がってきて、Tシャツを制作した。それはつまり「やるぞ！」という気持ちと連動している（はずである）。「空海とか釈尊（おシャカさん）の言葉が入ったTシャツにしたい」というコンセプトをデザイナーに伝えると、前面に小さく栄福寺の寺紋《じもん》である三《み》つ巴《どもえ》と空海の言葉が入った、シンプルなTシャツをデザインしてくれた。今回、Tシャツのために選んだ言葉は、

去去《ここ》として原初に入る

弘法大師 空海『般若心経《はんにゃしんぎょう》秘鍵《ひけん》』

*

現代語訳

去りて、去りて、存在の原点に入ってゆく

という弘法大師の言葉だ。

世界の仏教（大乗仏教）国でポピュラーなお経である『般若心経』の最後に出てくる真言の「ギャーテー（gate）」には、「行く」と「去る」という二つの意味がある。

「行く」という意味をとれば、覚《さと》りに向かって一歩一歩進むという意味であるけれど、「去る」ほうをとれば、存在の原点である原初の世界に入って行く、という意味になる。

僕は、この「前に進む力」と共に、原初に向かって潜っていくような「去る力」が、〈両方あること〉に仏教や密教の根本的な方向性を感じる。たとえば有史以来、人々が拝んできたり、巡礼をすることもそうだと感じるのだけど、進みながらも原点に戻っていくような動き。

これは宗教の話を離れて、みなさんの人生や生活の中でも視界に入れたり、灯台にできる視点だと思う。というより、自然とそうなっている人が多いのかもしれない。

「自分が元々知っていたことを（でも忘れていたことを）、思い出すような気持ち」、この心をプレゼントしてくれることが時々あることも、僕は宗教の魅力だと思う。

というわけで、例によってTシャツはあまり売れていないけれど（！）、僕はやっぱりお寺でTシャツを売っている風景が好きだ。

仏典てぬぐい

Tシャツを作ったので調子に乗って、今回は住職就任以来、はじめての新しいてぬぐいと納《のう》経帳《きょうちょう》（四国遍路ではお寺に写経や読経を奉じた証として、お寺で納経帳とよばれる帳面に本尊名を墨で書いてもらい朱の宝印をついてもらう）も入れることのできるトートバッグも制作した。

四国遍路の寺では、多くの寺でてぬぐいが売っており、雑誌の遍路特集などでは、てぬぐいの一覧が掲載されていたりする。栄福寺で現在売られているてぬぐいは、八十八歳の方が書かれた「長寿」という文字がストレートに配されたデザインと、江戸時代に般若心経が絵で描かれたものをモチーフにしたもの。なかなかの人気だ。

新しいてぬぐいは、ストレートに仏典の「釈尊の言葉」に近いとされるものから選んだ。

うらみをいだいている人々のあいだにあってもうらむことなく、われらは大いに楽しく生きよう。うらみをもっている人々のあいだにあってもうらむことなく、われわれは暮らしていこう

『ダンマパダ』―法句経《ほっくきょう》―一九七

野花のような飾り気のない美しい言葉だと思う。僕は、元々この言葉が大好きだったけれど、新しい「てぬぐい」にして寺に掲げておくと、もう一度、この言葉が胸に飛び込んでくるようだった。

そして、根気強く誰かをうらみ続けている自分に気づく。それで「うらみ」が消えるわけではないのだけど、「うらむことのない」先にある光をわずかに感じる。

あらゆる生命や存在が共通して持っているもの

バッグに印刷するために選んだのは、こんな言葉だ。

我我《がが》の幻炎を覚って、頓《とん》に如如《にょにょ》の実相に入らしめん

弘法大師 空海『遍照発揮性霊集』巻第七

*

現代語訳

自らの身を陽炎《かげろう》のようにはかないものと覚って、すみやかにあるがままの絶対平等の悟りの世界に入らしめたまえ

仏の教えが、常に疑いの目を向ける「私、我」という存在。僕は、「仏性《ぶっしょう》」（仏としての本性）や弘法大師が「無我の中の大我《たいが》」と呼んだものを、「あらゆる生命や存在が共通して持っているもの」とイメージすることがある。つまり生命の固有の我がない部分である。

そしてそこにコミット（関係）しようとすることが、自分の「修行」だと思っていて、その時、自分は自然の一部なのだと思い出すように感じる。バッグに掲げたこの言葉には、そのことを想起させる空海の迫力があった。

Tシャツやグッズを作って、「どうなる」ものでもないのだけど、「原初を目指し、我の幻を見つめ、うらみをもたない」、そんなことを共有しようとするチームが「仏教」や「お寺」だとしたら、僕はちょっとワクワクする。

存在を頼りにする

八月は、お坊さんである僕にとってお盆の季節だ。檀家さんの各家庭を廻《まわ》り、栄福寺では「お薬師さん」「お大師さん」の行事で、子どもたちが寺にやって来て一緒に拝む。そして「餓鬼《がき》」を供養する施餓鬼《せがき》の行事で、同じ町内の寺をいくつか廻る。いつまでこの伝統的な行事が続いていくかわからないけど、今は続いている。

今年のお盆は、ある家にいた三歳の男の子が、お経が終わった後いきなり僕のおっぱいを揉《も》みはじめる事件に遭遇したりしながら（ダイエットしないと！）、ある家で印象的な話を聞いた。

身体が生まれつき弱い息子さんを亡くされたお父さんが言っていた言葉だ。息子さんはまだ三十歳ぐらいであっただろうか。

「あの子は体が弱かったけれど、私たちはそれでも長男の彼の存在を頼りにしていて、さみしいんです」

お母さんが、「そうだね、本当にそうだね」という雰囲気でただ何度か頷く。僕から見ると、病気の看護などを含めて大変な思いをされていたであろうご両親から、「彼の存在を頼りにしていた」という言葉を聞いて、胸に新しい風が吹くような気持ちだった。

それは、まるで亡くなった息子の人生に敬意をはらっているようにも感じられたけれど、そんなことは頭にもなく、ただ本当に頼りにされていたのだと思う。

そして「存在を頼りにする」ということは、頼りにするほうであっても、頼りにされるほうであっても、いいな、と思った。

もし、あなたが誰かを「頼りにする」ことを無意識に禁じていることに気づいたならば、いっそ思いっきり頼ってみたらどうだろう。僕にも、ひとり、ふたりと思い浮かぶ人があった。

自分も、時に「頼ってほしい」と感じていることに気づきながら。

密教経典『理趣経』から感じる智慧⑩

世間一切の垢《く》は清浄《しょうじょう》なるが故に、すなわち一切の罪は清浄なり。世間一切の法は清浄なるが故に、すなわち一切の有情《うじょう》は清浄なり

『理趣経』第四段より

現代語訳

世間一般のあらゆる痴《おろか》さという垢《あか》は本質的には清浄であるから、あらゆる罪障もまた清浄である。世間一般のあらゆる存在するものは本質的に清浄であるから、生きとし生けるものすべてもまた清浄である

*

根を見ることで現れる場所

僕たちが、まっさきに「避けるべきもの」だと感じやすい垢という汚れ、積み重なっている罪を取り上げて「これも清浄なものである」と表現しているところに、密教の特徴が強く出ています。この第四段では、仏教が根本的に避けてきたあらゆる怒りや欲にまかせた貪《むさぼ》りの心さえも「清らか」であるとされます。

これを僕は、この世界に対する徹底的な肯定の表現であり、すべての存在が分け隔てなく共通の命――仏性を持っているからだと感じています。

師は「人々は表面的にものを見て汚いと判断するが、それは我にとらわれている時の見

方であって、一切のものは本来、自他の対立を超えている」と理趣経のこの段を説いてくださいました。

密教では、欲や無知というのは、生活の中で後天的に身についたものであり、根をたどれば自他の区別のない清浄さがあるとされます。哲学や自然科学の分野でも、存在や命の「私性のなさ」が語られることがありますが、そのたびに僕はこの密教の思想を想起します。ですから弘法大師の言う「原初」に「去る」――つまり〝戻る〟という言葉の目的地のような場所は、そういった「根」を見つめることで現れる場所だと思っています。

そうすれば「うらむことのない心」がなぜ仏教的な境地なのか、遠くにではありますが、あおぎ見ることができるのではないでしょうか。

そして「小さな自分」にないものを他者に頼るということは、とても自然な気持ちだと僕には感じられるのです。

「灌《かん》頂《じょう》施《せ》を以《もっ》ての故に、よく三《さん》界《がい》の法王の位を得《う》」ノ巻

「あらゆる生物や無生物の中に潜む無限の価値を見つけ出す」

Don't worry, be happy

もう数年前のことであるけれど、高野山にのぼるケーブルカーに乗っていると、ある白人のおばさん（五十歳～六十歳ぐらいだろうか）が、気づくと僕の顔をじっと見つめていて、「Don't worry, be happy」（クヨクヨせずに楽しくやろうぜ）と突然、言葉を発したことを時々思い出す。「あれは、もしかして妖精だったんじゃ……」とまでは思わないけれど、不思議と言えばかなり不思議な話だ。

もしかしたら、その人は界隈《かいわい》では有名な「Don't worry, be happy おばさん」で、日本のあらゆる場所に出没し、冴えない表情をした日本人（時々坊さん）を「Don't worry, be happy」と励まし続けているのかもしれない。そうだとしたら、なかなかご苦労様というかありがたい話である。

この話を、知り合いのお坊さんに話したら「俺もいつも密成さんに思っているよ、Don't worry, be happyって」とのことだった。意外と世界は妖精に満ちているのかもしれない。

ちなみに僕は幼少の頃から心配性で、いつも何かを心配しているような気がする。書店で『心配事の9割は起こらない』というお坊さんが書かれたベストセラーを見かけても、「一割ってけっこう多いな」と心配してしまうタイプだ。そんな僕の最近のお気に入りの考え方は、「心配しても心配事の実現確率は下がらないので、うじうじ考えるよりも現実的に心配事の発生確率が減ることを、小さくてもやる」ということである。ベストセラーは難しそうだ。

お経に笑いが止まらない

僕は不勉強で、落語というカルチャーにあまり触れたことはないのだけど（釈徹宗さんの『落語に花咲く仏教』が、〈いつか読む本棚〉で待機中なので読もう）、「坊さん生活」を現実に送っていると、（あくまで僕のイメージの中の）落語のようなことが時々ある。

縁があって時々、仏壇を拝みに行く老夫婦の奥さんは、僕がお経を唱えていると笑いが止まらなくなる。最初、故人のことを思い浮かべて、思わず嗚咽《おえつ》が漏れていると思っていたのだけど（そういうことは、わりにあることである）、しばらくすると、そのおばあさんが「涙が出るほど笑いをこらえていて、思わずその声が漏れ出ている」ことに気づいた。

これはその時だけでなく、そのおばあさんは僕がお経を唱えはじめると、いつも涙を流しながら笑っている。そして大笑いしないように、渾身《こんしん》の力でその笑い声を押し殺しているけれど、すごくその声が漏れている。これは僕の法衣が常に破れていてお尻が露出しているとか、人並み外れてお経の調子が外れているとか、さまざまな仮説が検証可能だとは思うけど、謎を残したままそのおばあさんは亡くなられた。

納骨の忘れ物

つい先日は法事を終えて納骨に墓を訪れたら、家族の人たちが、トウバや線香、ロウソクやら石屋など、納骨に必要なものはすべて揃《そろ》っているのに、納骨する「お骨《こつ》」だけ家に忘れてきていることに気づいた。

「〝納骨に骨を忘れる〟という格言が生まれそうですね」とボソッと誰かが言うと、ここでも家族のみなさんは、顔を見合わせながら大笑いされていた（故人が大往生であったこともあると思う）。

これは同じことが仮にあったとしたら、大喧嘩《おおげんか》をはじめる家族もあると思うけれど、法事とか葬式というのは、その一族のカラーや雰囲気が如実にあらわれる。なんにせよ怒るよりは、笑っていられることは、なんというか好ましい。

八十歳の僕

坊さんである僕は、大きな声では言えないけれど、子どもの頃から人並み外れて「怖がり」で、小中学生の頃、暗くなってから寺に帰るのが怖かった。そしてよく憶えているのが、部屋で眠ることがちょっと怖かったこと。寺だから怖いのではなくて、暗い部屋でひとりで眠るのが単純に怖かったのである。

大学生になっても高野山でひとりで生活をはじめた頃は、少し照明をつけたり、特別怖い時は、テレビをつけたままで眠ることもあった。「いつかもっと大人になれば、なくなる気持ちなのだろうなぁ」と思い続けてきたけれど、年齢が二十代になっても、三十代になっても、眠る時が「少し怖い」気持ちは、残り香のようにわずかではあるけれど持ち続けていた。

結婚して、奥さんと三歳、六歳の娘たちと一緒に眠っていると、そんな残り香のような恐怖を感じることもなくなった。でも、ある日ふと、たとえば僕がおじいさんになった時、縁が巡って、またひとりで暮らしはじめたとしたら、そのわずかな恐怖をまた感じるのかな、としばらく想像した。それは僕にはわからない。嫌な気持ちでもうれしい気持ちでもなく、ただ好奇心に似た気持ちで、僕は八十歳の僕を想像する。

そんなことを考えていると八十歳の僕が、たとえば病床で天井を見つめながら、「一日だけ戻りたい日」を思い浮かべるとしたら、今日のような何もない、ただ「子どもの小さい頃」をリクエストするかもしれないと、また思い浮かべる。

一緒に風呂に入り、歯を磨きたくないと泣き叫び、仲直りして絵本を読み、僕にしがみついて眠る。そんな日に一日だけ戻ってみたいと想像する、八十歳の僕を想像してみる。もちろん子どもとの生活は、僕にとってもうまくいかないことばかりで、悪戦苦闘の毎日でもあるけれど。

逡巡する仏教

僕は日本人なので、「日本の仏教って、どんなものなのだろう」と考えることがある。とくに、歴史的な日本仏教よりも、問題意識として「今、この時代の中にあるコンテンポラリーな（同時代の）仏教やお坊さんやお寺って、どんなものだろう」と感じることが多い。

さまざまなとらえ方ができると思うけれど、僕は、あるひとつの側面として「逡巡《しゅんじゅん》する仏教」でもあるな、と思った。逡巡する——ためらう、ということ。その中ではやはり〈行ったり来たり〉する。これは「日本の仏教」ではなく「僕にとっての仏教」なのかもしれない。「世界はこのようにある。正しさは、ここにある」と語るだけでなく、「世界はこのようにもみることができる。正しさは、このようにもあるかもしれない」と複数の眼を持ち、とまどいながら生きるための教え。そこにはいつも逡巡がつきまとう。そんな「ためらいの仏教」のことを僕は、個人的に好きだと思った。

今日はお寺に子どもたちが、神社で神様を勧請《かんじょう》していただいた御神輿《おみこし》をかついでやって来た。こういったお祭りも元々は、僕たちが世界のあり方に対して複眼を持つための智慧だと思う。そういったものが見えにくくなっていることも、現代特有の「苦」なのかもしれない。

密教経典『理趣経』から感じる智慧⑪

いわゆる灌頂施《かんじょうせ》を以ての故に、よく三界《さんがい》の法王の位を得。義利施《ぎりせ》の故に、一切意願《いがん》の満足を得。法施《ほっせ》を以ての故に、一切法を円満することを得。資生施《ししょうせ》の故に身口意《しんくい》の一切の安楽を得

『理趣経』第五段より

*

現代語訳

（瑜伽者自身が虚空蔵菩薩となって）あらゆる生物や無生物の中に潜む無限の価値を見つけ出す灌頂施によって、自らも三界における法王の位を得ることができる。

沙門やバラモンなどの修行者に、生活に必要なものを差し上げる義利施によって、自ら

も一切の願いを満足させることができる。

現実には姿を見せぬ天、竜や冥界に住むものたちに、仏法を説く法施によって、それらのものを仏教に引き入れるとともに、自らも一切法を完成させることができる。

畜生の類に施しをする資生施によって、彼らを安心させるとともに、自らの身体、言葉、心にも安楽をもたらすことができる

価値に目を覚ます

今回、『理趣経』のこの段の意味合いをじっくり読みながら、僕は思わず「出ました、灌頂施！」と声をあげてしまいました。僕自身、この「灌頂施」の教えを自分が師から伝えられたことの中でも、もっとも大切な教えのひとつであると感じ、今まで話をする機会を頂いたさまざまな場所で、「師から頂いた教え」としてお伝えしてきたからです。

正直、たくさん話しながらも、その出典が僕たち真言僧が日々読誦するこの『理趣経』であることは、意識から離れていました。まさに灯台下暗しです。

「灌頂」とは、瓶の水を頭頂にそそいで仏の智慧を開き、強力な結びつきとする密教の儀礼です。もとは、古代インドの王の即位式と同じように頭に水をしたたらすことに由来し

ており、日本の天皇の即位儀礼でも密教の灌頂儀礼が行われてきた時代が長くありました。

その大切な儀式が象徴する仏教儀礼としての「そこに込められた意味合い」とは何か？師はそれを「それぞれの持っている価値に目を覚ます、どんなつまらないものにも長所を見つける、一切のものの中に価値を再認識する」ことなのだと繰り返し説いてくださいました。灌頂の対象は王や僧のみではなく「すべて」なのです。ここにあげた『理趣経』第五段の訳の抜粋は、その師による訳ですが「あらゆる生物や無生物の中に潜む無限の価値を見つけ出す灌頂施」という言葉にも師の思いが込められています。

すこし個人的な話をすると、僕自身がその布施の「功徳」にあずかった者のひとりです。大学の教育者でもあった師は、幼少から考えることは好きだけど、学校の勉強が大の苦手であった僕の文章を読むとひと言、「あなたは何かを書いてみなさい」と告げました。まさに師は口ばかりでなく「この小僧に何ができるか」と心血を注いで見てくださっていたのです。それは僕が師から教えを受ける何年も前の話でした。

そして「その他の布施」が出てくるところも密教の現実的側面をよく表しています。腹を減らしたものには食事（資生施）を、精神的に満たされていないものには仏法（法施）を、財を生み出さない修行者には生活必需品を贈る（義利施）という「現実」も大切にするのです。

その中でも最高の布施が「灌頂施」です。それが「それぞれの持っている価値に目を覚ます」ことであるのなら、ひとつの事実がわかると思います。僕たちの身近な生活のひとつひとつの場面に最高の「修行」の舞台があるということです。その修行は、苦しい場面ばかりでなく、楽しかったり、おもしろかったりすることのある修行だと思っています。

古来、人々が「神仏」と呼んできた存在に触れることに必要なのは、宗教的な儀礼だけではありません。

坊さんにできること IV

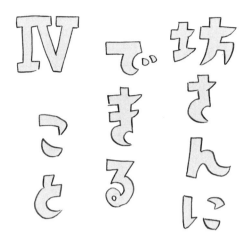

「一切如来の三摩地《さんまじ》を証《しょう》す」ノ巻

「三つの総合的なものを揃える」

住職のインスタをみて来ました

今年、奥さんを亡くされた檀家さんと栄福寺で話すことが時々ある。

「時々、台所で〝お茶、飲む？〟とかって無意識に話しかけてしまうんです」

と笑うが、時々会話の端々で涙ぐまれることがある。そんな檀家さんがまた栄福寺を訪れた。

「住職のインスタをみて紅葉を観に来ました」

「インスタみてくださってるんですか？」

「うん。みてるよ」

という他愛もない話をしながら「でもね、妻が亡くなってから、信心深くなった。ははは。線香あげてお茶あげて」。

共にいる人――父ゆかりの広島にて

偶然、仕事と個人的な家族旅行で広島に続けて訪れた。僕にとって広島は、父親が生まれた街であり、子どもの頃は夏休みや正月のたびに家族で訪れた縁の強い場所だ。仕事は、平和記念公園の中のホールが会場の講演だったので、今治からバスに乗り、なつかしいそごう広島店のバスセンターで降りて原爆ドームのほうへ歩いて向かう。

原爆ドームの近くに小さな慰霊碑があった。そこで、花を毎日お供えしている男性と会話になる。

堰《せき》を切ったように話すその初老の男性は、友人や親戚が原爆で亡くなった話をしてくださった。そしてポケットに入れている小さな仏教経典を取りだして、「これをいつも唱えるんだ」と僕に語る。

「じゃあ今日は、僕もお経をお唱えさせてください」と彼に伝え、一緒に読経してその場を離れた。

そこから会場のほうへ向かっていると、僕と同じイベントに向かっているという女性に話しかけられる。

「格好からすると和尚さんですよね。私も向かっているので、一緒に行きましょう。え、四国遍路のお坊さん？　私は何度もお参りしているんです。うれしいな」

歩きながらの会話に夢中になっていて、通りかかった「原爆死没者慰霊碑」を素通りしたのを振り返って、「あそこも慰霊碑ですよね」と話しかけると、「そうなんです。私もうっかりしていましたが、本当は、あそこで手を合わせてから通ってほしかったんです」と言う。

「それでは、一緒にお経を唱えましょう」と引き返し、ここでも一緒に読経する。

そんな経験を通じて、とくに縁の深い人を亡くした人にとって、ここはまだ「戦地」なのだと思った。そして、僕が二度もここに住む人たちと偶然手を合わせることになったのは、僕が髪を剃《そ》って、伝統的な古めかしい僧服に身を包んでいたこともあるだろう。「僧侶」は今でも、「そういう存在」であるのだと確認するような経験だった。

人には「共に祈る人」が時々、必要だ。

嫁さんはイタリア人

デンマークからの十九歳と二十歳のお遍路さんが、栄福寺の境内のベンチに腰掛けて、スーパーで買った食パンに大きな瓶のケチャップをどぼどぼ付けながら食べていた。それを横目で見ながら、納経所で日本人のお遍路さんと会話になる。関西から来られたお年寄りの男性だ。

「はー。最近は、外国からのお遍路さん多いんですなぁ」

「そうなんです。あの人たちはデンマークからです。本当にあらゆる国から来られます」

「デンマーク！　そうですか。私の嫁はイタリア人なんですが、お参りなんかしませんで！」

「おじいさんのお嫁さん、イタリア人なんですか！」と聞いてみたかったが、すでに納経所を勢いよく飛び出して、デンマークの若者と話している。「わしの嫁はイタリア人なんやけど、お参りせんでな……」というおじいさんの愚痴に耳を傾けるデンマーク人のふたりの青年の様子を観察しながら、ますますこの四国遍路という場所は、おもしろい磁場を放っていると感じている。

「栄福寺の対話vol.2」オープニングトーク

二〇一八年十一月三十日に、僕が企画・進行して開催するイベント「栄福寺の対話」の二回目が開催された。ほぼ二年ぶりの開催である。ゲストは前回と同じ、独立研究者の森田真生《まさお》さんと禅僧・藤田一照さん。お二人とも僕が心から敬愛する人たちである。

その場を開催するにあたり、僕は少しだけ〝開会の言葉〟のような「オープニングトーク」をした。そこで用意していたけど話せなかった話を加えて、ここに記したい。

ようこそ栄福寺へ

みなさん、こんにちは。ここのお寺、栄福寺の住職の白川密成です。

昨年の一月に一回目の「栄福寺の対話」がありましたので、ほぼ二年ぶりの「栄福寺の対話

vol.2」です。よくお越しくださいました。

この中で、前回も来てくださった方はおられるでしょうか？　かなりおられますね。その方々には、もう一度、栄福寺について説明する必要はないと思うのですが、あらためてお話をさせていただきます。

まず、この二年間である変化がおこりました。この本堂にエアコンが入ったんです。工事が完了したのは、一昨日です。藤田一照さんといえば『アップデートする仏教』ですが、この本堂も「アップデートする本堂」として、進化が見られます（会場失笑）。

この場所について

この場所は、四国遍路という場所です。四国八十八ヶ所などと呼ばれることもあります。四国は、ご存じの方も多いと思いますが、若き日に弘法大師が修行した場所です。

今日来られている真言宗のお坊さんはご存じのことですが、それは弘法大師自らが、二十四歳出家の宣言の書である「三教指帰」の中で語られていることです。

焉《ここ》に大聖《だいしょう》の誠言《じょうごん》を信じて飛𦦨《ひえん》を鑽燧《さんすい》に望む。阿国大滝嶽《あこくたいりょうのたけ》に躋《のぼ》り攀《よ》じ、土州室戸崎《どしゅうむろとのさき》に勤念《ごんねん》す。谷響《たにひびき》を惜しまず、明星来影《みょうじょうらいえい》す

*

現代語訳

そこでこの仏の真実の言葉を信じて、たゆまない修行精進の成果を期し、阿波の国（徳島）の大滝嶽によじ登り、土佐の国（高知）の室戸崎《むろとざき》で一心不乱に修行した。谷はこだまを返し、明星が姿を現した

よく「四国遍路は本当はいつはじまったのか？」などと歴史好きな方の間で議論になるのですが、僕としては、四国遍路の信仰上の根拠は、このひと言でもいいと思っています。大師はこの四国で修行されたのです。

そして、この「谷響を惜しまず、明星来影す」という言葉が、弘法大師の心的風景をとてもよく表していると思います。自分の心がなにかを体験するということは、ここにある身体としての限定的な「私」というもの「だけ」ではない。一見、自分の外側にある自然である谷が

「音」を返してきた。そして明るい「光」である星が現れた。それが弘法大師が原点とする心的風景です。

僕たちは、心の癖であらゆる存在を分けて考えるのだけど、それ自体が固定観念で、本来融け合っているものです。

今回の対話に触れた後で、ここに集まった人たちが、自分の「持ち場」に帰って行った時に、そこで触れる言葉や風景に「違う手ざわり」があるのではないかと想像します。そうであったら、うれしいです。

前回の「栄福寺の対話」を思い出すと、森田さんが編者をつとめられた『数学する人生』(岡《おか》潔《きよし》著)という本の中に収録された数学者・岡潔の最終講義での言葉が、より深く胸に飛び込んできました。

人というのは、大宇宙という一本の木の、一枚の葉のようなものです。だいたいそう見当をつければよいでしょう。逆に、宇宙という一本の木の一枚の葉であるということをやめたなら、ただちに葉は枯れてしまいます

幸福とか生き甲斐とかいうものは、生きている木から枝を伝わって葉に来る樹液のうちに含まれている。その木から来るものを断ち切って、葉だけで個人主義的にいろいろやっていこうとしても、できやしないのです。自我を主人公として生きていると、生命の根源から命の水が湧き出ることがなくなってしまう。命の真清水が自我から湧き出ると思えますか。そんなはずないでしょう

これは本当に印象的な言葉だと思います。僕たちは修行の中で、自分が仏であることを気づこう、知ろうとするわけですが、「一枚の葉」である自分が「一本の木」の部分であることを知ること。これが、僕にとっても「自分も仏であること」を知ることと、どこか重なりあうように感じています。そして、その中にある「一枚の葉」でもある自覚。

僕は密教のことを語る時に空海のこの言葉を紹介することが多いんです。

唯《ただ》し大日如来《だいにちにょらい》のみ有《いま》して、無我の中に於《おい》て大我《たいが》を得たまえり

弘法大師 空海『吽字義』

*

現代語訳

ただ大日如来だけが、〈無我〉の中において、〈大我〉を獲得せられておられる

この「大我」というのが、岡潔の言葉に重なりあって僕には感じられます。おふたりの話をきいていると、数学や仏教というアプローチの中で、またそのアプローチを超える中で、この「一本の木」でもある自分に気づいて、本当の意味で安心する、リラックスし躍動するという状態をいつも思い浮かべます。

生きることの方向がそこを少し向こうとするだけでも、いきいきと躍動した時間は増えていくのではないかと思います。

見たこともない道を通って帰る

そして、弘法大師を語るうえで、もうひとつ大切なモチーフだと感じる言葉を挙げようと思います。それは「帰る」という方向性です。

空海は、

「起きるを生と名づけ、帰るを死と称する」

「去去として原初に入る」

「弟子空海、性薫我《しょうくんわれ》を勧めて還源《げんげん》を思いとす」

といった著作での言葉の中で、前に進むのではなく「帰って行く」「去る」「源に還る」というモチーフ、方向性を多用します。

僕は、この「帰る」という方向性に自分の言葉を足して、このように表現しようと思います。

「見たこともない道を通って帰る」

ということです。ワクワクしているのは、僕だけでしょうか？　これが僕にとっての仏道修行のひとつの形です。それは、お坊さんとかそうでないとかを超えて、いろいろな人たちに参加してほしいことなのです。

それでは「栄福寺の対話」がはじまります。

密教経典『理趣経』から感じる智慧⑫

いわゆる一切如来の身印《しんにん》を持《じ》すれば、すなわち一切如来の身となる。一切如来の語印を持すれば、すなわち一切如来の法を得。一切如来の心印《しんにん》を持すれば、すなわち一切如来の三摩地《さんまじ》を証す

『理趣経』第六段より

*

現代語訳

いうところの（この活動の教えの部門は）すべての如来の身体活動のしるし（＝表現）を身につけるならば、すなわち（わが身はそのまま）すべての如来の身体となる。すべての如来の言語活動のしるし（＝表現）を身につけるならば、すなわち（わが言葉はそのまま）すべての如来の教え（法）となる。すべての如来の精神活動のしるし（＝表現）を身につけるならば、すべての如来の瞑想の境地をさとる

生活の中の身体・言葉・こころ

若き日の弘法大師が四国で行った修行は、「虚空蔵求聞持法《こくうぞうぐもんじほう》」という修法であることを、弘法大師がみずから書き残しておられます。この修行は、真言を一〇〇万回唱えることがクローズアップされることが多いですが、やはり「言語活動」ばかりでなく、身体と精神活動との三つが総合的に揃った時に「谷響を惜しまず、明星来影す」というような大自然と深く結びついた境地に至ったことが、この『理趣経』の言葉からあらためて思い起こされました。

しかしそれだけであれば、「やはり密教は身口意《しんくい》だから、手には仏の印を結び、口には真言、意識である心には観想《かんそ》であるイメージを持つ三密修行ですね」というところで留まってしまったと思います。

教えを授けてくださった師は、あえて普通の生活を舞台にしてこれを説く時、「身印とは自分のことはすっかり忘れて動いていると、この体が仏さまの体なのだと気づくこと。語印とは、世の中の風評や悪口に惑わされず法を説き仏道修行に人びとを導くこと、心印とは悪をなす者にも慈悲の心で、怒りの表情を示してでも叱りつけて正しい教えに導くことでもあるのだ」と、示してくださいました。

修行者としての身口意。そしてこの人生を歩む生活者としての身口意。ともに心に留めておこうと思っています。そして生活者の身口意を僕なりにひとことで言うと「ともにいること」なのかもしれません。

身口意の三つの総合性には、「見たこともない道を通って帰る」ことの智慧がゆたかに含まれています。

「諸法は光明なり」ノ巻

「微笑しながら剣を持つ」

今年も「お年始」のお経で一年がスタート

今年も新しい一年がはじまった。

僕が住職を務めている栄福寺では、一月二日、三日、四日と檀家さんの家でお経を唱えてまわる「お年始《ねんし》」というお参りがある。日によっては、一日に訪問する家が多くて昼に寺に帰ることができず、食事を出先で済ませることもある。今年は、三日にチェーン店のうどん屋さんのカウンターで昼ご飯を食べることになった。すると僕の隣に座ったおじいさんが、席に着いた途端、

「おお、坊さんの隣か！　正月から縁起がいいや」

と僕を少し見て笑顔でつぶやいた。

僕たち坊さんは、法衣で病院に行かないようにする人がいたり（病人の死を連想させないため）、どちらかといえば「縁起でもない」人として見られることも少なくないので、このおじいさんの「縁起がいいや」という何気ない言葉は、なんとなくうれしかった。

七歳の長女も、僕がくだらない冗談を連発したり（よくする）、踊ったりしていると（たまに踊る）、「もう、お父さん。お坊さんなんだからお調子しないでよ（ふざけないでよ）！」とよく不満を述べ

る。子どもから大人まで、お坊さんに対するパブリックイメージというのは、曖昧なようで強固な部分もあるようだ。

今年は栄福寺にとって檀家さんや信者さんに寄進をお願いして事業（耐震工事）をする年なので、この「お年始」のお宅訪問の際に、そのお金を用意してくださっていることも多かった。普段から楽ではない生活や病気、家族との死別のことを世間話ですることも多いので、寄進をいただくことはもちろんありがたいことでありながら、どこか「心苦しい」ことでもある。

でも夕食の時に、尼僧でもある妻に「やはりね、なんか申し訳ないよ」という気持ちを話した後に、すぐに出てきた言葉は、「でも寄進のお金は、考えてみると僕が使うのではないんだよな。全額、お堂を直すのに使う。そして、お堂もお寺も僕たちのものではない。だから僕たちの役割って、本当にいろんな意味で〝つなぐ〟立場なのかもね」と話した。

これからの住職としての自分の役割は、多くの人たちが「自分のお寺」と自然に感じることのできる場所を少しずつでも作っていくことにあるのかと思った。どんなことができるだろうか……。このままでいい部分も、このままでは絶対に駄目な部分も両方あるような気がする。

お遍路さんが減ってきている

お遍路さんのお参りの数が目に見えて減ってきている。欧米を中心とした海外からの巡礼と、歩き遍路さんのお参りは増えているけれど、全体から見ればまだ多くはない。栄福寺のような四国遍路の寺は、お遍路さんが納経料として払われる一冊数百円のお金で経済的に成り立っているので、お参りの人数が減ってくると、なかなか厳しい財政状況になる。

僕が住職を継いでからの数年は、幸いお参りの方がとても多くてお寺としては経済的に困ることはあまりなかったのだけど、ここに来て難しい雰囲気が漂い始めている。住職は多くの場合、宗教法人の代表役員でもあるので、今まではそこまで考えることのなかった「組織の経済的な経営」も、考えるべき時がとっくに来ているのは明らかだ。

タオル会社を経営する仲のいい友だちが、お寺に来たので聞いてみた。

「ねえ、経営ってどうやってやるの?」

彼が、引き継いだ会社の借金をすべて返済して、堅実に利益を出している話はたまに聞いている。

「密成さん、経営は簡単よ。支出を減らして、収入を増やすんだよ」

こともなげに言い放つ彼を見つめて、とりあえず、

「ありがとう。たまにはいいこと言うね」

と返してみたが、今ひとつピンと来ない。

しかし誤解を恐れずに言えば、なぜかこの窮地から、お寺の新しいコミュニティーも、自分たちにとっての大きな意味での「学び」もやって来るような予感がしている。

「一味ではなく五味を揃える」

やはりこういう時は、弘法大師の言葉を開いてみようと、空海が京都で開いた学校である綜《しゅ》芸種智院《げいしゅちいん》の式（規則）を開いてみることにした。空海は僧侶であると同時に、日本ではじめて民衆の子弟に開かれた学校を作った人物でもある。このことは宗教者としての活躍に遜色がないほどの大きな意味を持っていると思う。空海は教育者でもあったのだ。

道を学ぶことは当《まさ》に衣食の資《たすけ》に在るべし

弘法大師 空海『続遍照発揮性霊集補闕鈔』巻第十

現代語訳

学道のためには衣食の資も必要である

＊

大師も多くの人の中から「師」を得ることの大事さとともに、「食べてゆくこと」が道を学ぶうえで必要なことだと書かれている。当時でも今でも「食べられること」は当たり前のことではないから、そこをまず確保することは、大切なことだ。

是の故に斯《こ》の四縁を設《ま》けて群生《ぐんじょう》を利済す

弘法大師 空海『続遍照発揮性霊集補闕鈔』巻第十

現代語訳

故にこの、処・法・師・資の四つの条件を設けて多くの人々を利益し救済しようとするのである

＊

空海は学校を開くうえで処（場所）、法（教え）、師とともに、衣食に満足する「資」をコンセプトに加えた。ここに「資」が入っていることも、今の僕にとってはずしんと響く。なにかひとつを大切にするのではなく、ひとつの道を成立させるために「一、場所は整っているか」「二、教えを学んでいるか」「三、それを教えてくれる師はいるのか」「四、きちんと衣食を与えているか（得ることができているか）」という「空海のチェック項目」のように見てもうなずける。「三密」もそうであったが、密教では総合的なものが「すべて」揃っているのが大切なのだ。

考えてみるとお寺にとっても僕にとっても、「資」が単独であるわけではない。「場所」には手をつけるところがまだあるし、「教え」に近づく修行も勉強も足りていない。ありがたいことに師には恵まれているが、弟子としての自分の準備は満足ではなく、衣食のための経営のこともあまり深くは考えてこなかった。

また「師」というのは、師を持つだけではなくて、自らがチームのリーダーシップをとれているかを問われる言葉でもある。

未だ有らじ、一味美膳を作《な》し、片音《へんいん》妙曲を調ぶる者は

弘法大師 空海『続遍照発揮性霊集補闕鈔』巻第十

現代語訳

五味のうちの一味のみでご馳走ができたり、五音のうちの一音のみで妙音を奏でることなど、いまだかつてそのためしはあるまい

*

学びも組織もひとつの味では完成せず、甘い、塩辛い、酸っぱい、辛い、苦い（五味）の要素が揃って動きはじめるということだ。

僕はこの考え方（ある単独の要素ではなく、総合的な集まりを目指す）に、お寺というチームが「やっていく」ための肝要が含まれていると感じる。そろばんを弾《はじ》くこと、戦略を立てることの大事さをふまえた上で、「場所」「教え」「師」が揃っているだろうか？ そのことをもう一度、がんばってみたい。その上で「資」と向き合えば、自然と人が集まり、経済的にもいい方向に行く可能性があがるのではないだろうか。それで無理だったら仕方がない。

受け入れてはいけないもの

しかし、そのような中で「すべてを受け入れる」必要はないと感じている。「本当に大事なもの」と出会うために大きく手を広げて受け入れるとともに、もうひとつ大事なことがあるはずだからだ。それは僕たちが「受け入れてはいけないもの」を断つことだ。それはつまり何かをやらないこと。今、「やるべきじゃないこと」に対して、できるかぎり自覚的であること。それを大切にしたい。

空海の人生の中にも大きな「受け入れがたいもの」があったと思う。それはたとえば、面授《めんじゅ》(師が弟子に面と向かって教えを授けること)ではなく文献のみで仏教を学ぶことや、都にいて雑務に追われ修行ができないことであっただろう。僕たちにも人それぞれ「受け入れがたいもの」があると思う。それをもしかしたら、「今、受け入れているのではないか」ということも考えてみたい。「やること」も大切だが、「やらないこと」を決めるマイナスの動きも大切だ。

そのうえで、自分たちが、はじめて庶民が学べる学校を作った人物を師に頂く〝弟子〟であることを思い出したい。空海は言う。

大唐の城には、坊坊に閭塾《りよしゆく》を置いて普《あまね》く童稚《とうち》を教え、県県《さとざと》に郷学を開いて広く青衿《せいきん》を導く。是《こ》の故に才子城に満ち、藝士国に盈《み》てり。今是の華城《かせい》には但《ただ》一つの大学のみ有って閭塾有ること無し。是の故に貧賤の子弟、津《しん》を問うに所無く、遠方の好事《こうし》、往還すること疲《つかれ》多し。今此の一院を建てて普く瞳矇《とうぼう》を済《すく》わん

弘法大師 空海『続遍照発揮性霊集補闕鈔』巻第十

*

現代語訳

大唐の都城では、各坊ごとに勉学の塾があって、広く幼年者を教えており、各県ごとに郷学が開設されていて、広く青少年を指導している。だから才智ある者が城内に溢れており、六藝《りくげい》に秀でた士が国内に満ちている。ところが今日、この平安京には大学がただ一校あるのみで、勉学塾はまったく皆無である。このために、貧賤の子弟は知識を求めてだてもなく、学問を好む遠方からの子弟は通学するにも疲労が甚だしい。今この一学院を建てあまねく学童の蒙《もう》を啓《ひら》こうと思うのである

そして「今、ここにないもの」を作ることにも、大師は恐れることはなかった。
大師の処・法・師・資の四つのヒントとともにそのことを憶えておこう。

密教経典『理趣経』から感じる智慧⑬

いわゆる諸法は空《くう》なり、無自性《むじしょう》と相応するが故に。諸法は無相なり、無相の性と相応するが故に。諸法は無願《むがん》なり、無願の性と相応するが故に。諸法は光明なり、般若波羅蜜多《はんにゃはらみった》清浄《しょうじょう》なるが故に

『理趣経』第七段より

＊

現代語訳

現象界のあらゆる存在は空である。それ自体に固有の実体性をもたないことと結びついているからである。現象界のあらゆる存在は固定的な形を持たない。固定的な形の性質を持たないことと結びついているからである。現象界のあらゆる存在は願い求めることがない。願い求めることがない性質と結びついているからである。現象界のあらゆる存在は光明である。さとりの智慧の完成は清らかなものであるからである

組み合わせを考える

『理趣経』が不空三蔵《ふくうさんぞう》というインドから中国にわたった僧（弘法大師の師である恵果和尚《けいかかしょう》の師です）によって翻訳された時のもっと長い題名は、『般若理趣経』と言います（ともに略称ですが）。これはこの『理趣経』が智慧の完成や「空《くう》」を説く「般若経」というお経のグループであることを表しています。その要点、神髄を短くまとめたのが『般若心経《はんにゃしんぎょう》』です。「空」を説く理趣経のこの部分は、理趣経が般若経群のひとつであることをよく表しています。

「空」は、「あらゆる存在が、それオリジナルの実体性を持たない」ということですが（もちろんなかなかひと言で表せないので大量のお経があるのですが）、縁起という関係性、〈繋がり〉は存在すると考えられる見解もあり、僕もそう思っています。

ですから、ものごとをひとつひとつの単発でとらえず「総合的に網羅しようとする」ことは、仏教的な縁起の思想、空の思想にもかなったことだと感じます。みなさんも、なにかに取り組む時や普段の生活の中で、「組み合わせ」や「単発で留まらない」ことに留意してみるのは、どうでしょうか。〈総合的に対峙《たいじ》する〉ような態度です。

この引用した理趣経の場面にもあるように、すべての存在が空で、固定的な形を持たない性質を持つとしながら、その後の場面で、だからこそあらゆる存在が光り輝いている（「現象界のあらゆる存在は光明である」）と表明することにも、大乗仏教、密教の真骨頂が表れていて、象徴的な美しい場面です。

師はこの段を説く時、「本不生《ほんぶしょう》」と「ア」という密教の大事な言葉を説かれました。本不生とは、本来生じたものでも滅したものでもない、根源的なものを指します。生まれたものであれば、「はじまり」があるのですが、はじまりもない大根本なのです。つまり「不」という否定によって根本を表現します。また密教には「ア」という梵字《ぼんじ》を使う「阿字観《あじかん》」という瞑想がありますが、この「ア」という字にもサンスクリット語で打ち消し、否定の意味があります。否定からはじまりながら、やはり根本の本不生、大日如来を同時に表すのです。ここに僕は、「否定からはじまること」にも根源的な大切さがあると感じています。

しかし、それを否定だけで止めず、同時に光に転じるわけです。

『理趣経』各段の最後のシーンで、九一ページにも挙げたように菩薩は笑顔で微笑んだり、それと同時に怒りの表情をみせたり（この両面も象徴的ですね）バラエティーに富んでいますが、この第七段では、菩薩は微笑しながら、なんと自分の持っている剣ですべての如来に切ってかかる場面があるのです（「自らの剣を以て一切如来を揮斫《きしゃく》して」）。師は、このシーンで絶対的な権威を断ち切ってでも、こだわりを捨て、自ら真理を見出すことの意義を説いてくださいました。これを僕は今までにない「新しい」ことをはじめる時の勇気にしたいと思います

（実際には剣で乗り込まないように！　剣を持つのは心です）。
「なにかを断つこと」にも、やはり大切なはじまりがあります。

「纔《さい》発《ほっ》心《しん》転《てん》法《ぼう》輪《りん》大菩薩は、重ねてこの義を顕《けん》明《みょう》せんと欲《ねが》う」ノ巻

「わずかに決心さえすれば」

栄福寺にやって来た親子

先日、アジア系の若い女の子が栄福寺をお参りに来られていた。僕は境内にいたので、

「こんにちは。どこの国から来ましたか？」

と聞いてみると、

「タイなんです。今治の会社で働いていて、給料で軽自動車を買ったから、タイからお母さんを呼んで、見てもらったんです」と流暢《りゅうちょう》な日本語で教えてくれた。隣では、人の良さそうなお母さんがニコニコと笑っている。

僕は、「さすがタイは仏教国だなぁ。お母さんが日本に来たら、地元のお寺を案内するんだ」「車を買ったから、海外から母親を呼ぶなんて優しいなぁ。がんばってるな」となんとなくじんわりするうれしい気持ちを抱えながら、二人と話していた。

僕はこれからタイのことを考えるたびに、あの親子のことを思い浮かべる気がする。

なにが一番楽しかった？

今年は数年ぶりにインフルエンザに感染して、妻にもうつしてしまったこともあり、僕が治った後は、三歳の次女とふたりで一緒に寝ることになった。すると次女はニコニコ笑いながら、

「二人で寝ていたら、夫婦みたいやんか！」

と言った。僕自身は男兄弟で育ったので、間違いなく三歳の頃に、そんなおませなことは言わなかったと思う。子どもと暮らしていると、人間が「どんな心の思いを、どのように持つのか」という生物としての心の変遷を生《なま》で体験しているようで、子どもとの生活の中で意外と仏教や人間の心のことを考えることも多い。

宗教の話ではなくても、僕自身、人生や生活のことを考える中で、

「今まで、なにが一番うれしかったか？」

ということを自分に問いかけることがあるのだけど、ふと子どもから、

「お父さん、今まで生きてきて、なにが一番楽しかった？」

と問われ、自分にとっては「うれしいこと」と「楽しいこと」は、意外と違う状態なんだな、ということを気づかされたりすることもある。

みなさんも「うれしかったこと」と「楽しかったこと」は、けっこう違いませんか？

「できること」と「できないこと」

梅原猛《たけし》さんと橋本治《おさむ》さんが亡くなられた。僕は、何冊か彼らの本を読んでいるけれど、巨人のように評す人も多い中で、決していい読者ではなかったと思う。しかし不思議と何度も繰り返し読む本もあり、また空海や仏教のことを考えるきっかけにすることもあったので、訃報を聞き、やはり自分の本棚にある彼らの著作を開くことになった。

> 私が密教に魅《ひ》かれるのは、密教が世界の差異というものに好意的であるからである。差異に好意的であるということは、色に、物質的世界に好意的である、ということである。密教は、精神の一元論で世界をぬりつぶすことをしない
>
> 梅原猛『空海の思想について』

「差異に好意的」と書かれているのが、なんとも梅原さん独特の表現だ。空海の現実世界の受け入れ方を示唆する言葉のように、僕には感じられる。――この世界も物質もさまざまな存在も、たしかにここに〝ある〟――ということを否定せずに、むしろ輝きをもって迎える態度。

僕は今までこの本の中で、自身と大自然の同質さを見つめ、交流しようとする密教の理想を

書くことが多かった。しかし密教は、あらゆる存在の共通性、均質性をみる「平等性智《びょうどうしょうち》」とともに、逆にすべての物事の差異、異質的側面を知る「妙観察智《みょうかんざっち》」の智慧を同時に持つ。このことは、すこぶる大事なことであると思う。つまりわかりやすく「自分」と「他人」で考えると、その両者は時に明確に同体でもあるし、また明確に違うものである。その両方の価値観を持つのだ。

梅原さんの感じておられた空海、密教、仏教に僕も著作を通じてこれからも触れてゆきたい。著者の亡くなった後でも本を読むことができることは、読者にとって（恐らく著者にとっても）とてもありがたいことだし、「経典」のような存在も、だからこそ編み続けられてきたのだろう。

先ほどあげた梅原さんの言葉は、空海、密教の思想の根源的な世界を示唆するものだけど、「差異に好意的」という視点から僕はもう少し身近な生活を思い浮かべ、ある空海の手紙の言葉を思い出していた。

空海聞く。物類形を殊《こと》にし、事群体を分《わか》つ。舟車《しゅうしゃ》用を別《こと》にし、文武才を異にす。若《も》し其の能に当れば、事則《すなわ》ち通快し、用其の宜《ぎ》を失えば、労すと雖《いえど》も益無し

弘法大師 空海『遍照発揮性霊集』巻第三

現代語訳

私、空海は聞いております。万物は形が違い、物事は本質が分かれ、舟と車ははたらきを別にし、文と武は才能を異にするとか。もし、それぞれの能力に合致すれば、事柄はうまくいき、はたらきがそれぞれのもちまえにはずれれば、労力を費やしても利益はありません

＊

僕はこの言葉を読んだ時、ある人の話を聞いていたときのことを自然に思い出した。彼は一代で建築会社を興し、目覚ましい成果をあげて信頼を勝ち取り、公共事業をいくつも請け負いながら、障害者の方の雇用にも積極的で、仕事に対してものすごく情熱的かつ丁寧だった。

そんな彼が、かつて建設業の前に「カレー屋」を経営していたことがあるという意外な話をしてくれた。僕はカレーが好きなので、彼のような力強い働き手が作ったカレーはどんなカレーだったのかと、ワクワクしながら尋ねた。

「それって、どんなカレーだったんですか？」

「あのね、カレー屋ほど楽な商売はないんだよ。業務用のレトルトパックが売ってるから、ご

飯を炊いて、レンジで温めて出せばいいんだ」

そのカレー屋は、もちろんすぐに畳むことになった。

僕はその話を笑って聞きながら、「ああ、結局彼は建設業が好きで、向いているんだな」と感じ入ってしまった。彼には、建物をうまく建てることはできるけれど、美味いカレーを作ることはできないし、そのつもりもない。でもカレー屋をはじめた。

僕は、いろいろな場面でこのエピソードを思い出す。「人間、できることはできるし、できないことは、できないんだ」と。だから「できること」を見出すしかない。あまりにもシンプルだけど、意外と人はこのことを、忘れがちだ。できないことをやり続けるよりも、できることをはじめることのほうが大事なことがある。そして、自分ができることを、人は知らないことがある。

僕は、親として、また小さな宗教法人の代表として、「苦手なことはやらなくていいよ」なんて、とても言えない。でも同時に、努力と工夫を重ねたうえで「できること」「できないこと」の判断は、やはり大事だと思う。

「落ち着け」の仏教

橋本治さんは、著名な仏教学者である末木文美士《すえきふみひこ》さんの著作『日本仏教史―思想史としてのアプローチ―』の文庫版「解説」を書かれている。その中で、自著『宗教なんかこわくない！』でも仏教について触れられている橋本さんは、このようなことを書かれている。

ブッダの教えそのものは、いたってシンプルなものだと思います。目的は〝悟りを開く〟です。そのためには、〝思い込みを捨てて、冷静に自分の頭で物事を考える〟です。そのことが出来にくくなったら、冷静になる用意をする――それが〝修行〟でしょう。私にはそうだとしか思えません

僕は、この解説の文章が頭にあったのか、それとも橋本さんが別のところにそう書かれていたのかもしれないけれど、「橋本さんの仏教」のことを、自分の頭の中で「落ち着け」というひと言の言葉でずっと理解していた。「橋本さんにとっての仏教は、〝落ち着け〟なんだな」と胸にずっと残っていて、自分が仏教のことを考えるうえでも、何度も思い出すことがあった。そ

して、それは僕なりにどこか、しっくりとくる「仏教論」だった。
原始仏典の中にもこんな一説がある。

> 智慧は、世の中における光り輝きである。落ち着いて気をつけていることが、世の中における〈めざめている者〉である
>
> 『サンユッタ・ニカーヤ』第Ⅰ篇、第八章、第一〇節

ここで、訳者の中村元《はじめ》先生が、「念」や「気づき」とも訳されるパーリ語のサティを、「落ち着いて気をつけている」と訳していることは、違和感がある人もおられると思う。つまり日々、仏教修行をしている人の中には、「呼吸や動きに〈気づき〉を持っていることでしょう」と考える人も多いだろう。

でも僕は、この中村先生の表現がなんとなく好きだ。それは、何度も「落ち着け」という言葉を自分で反芻《はんすう》したからだと思う。あわてんぼうの僕は、これから何度もこの「落ち着け」という言葉を、繰り返すだろう。

善き人との時間

空海の著作といわれてきたものの中には、じつは今となって真作かどうかはっきりとわからない著作がいくつもあって、たとえば『五部陀羅尼問答偈讃宗秘論《ごぶだらにもんどうげさんしゅうひろん》』(『宗秘論』)などもそういったものだ。しかし、そういった作品も、少なくとも千年、数百年の歴史の中で読まれ続けてきた事実はけっこう重いものがあるし、その年月だけをみても価値がある「読み物」だと感じることが、僕は多い。その中に、

珠を持てば善念生じ　剣を把《と》るは殺心《せっしん》の器

『五部陀羅尼問答偈讃宗秘論』

*

現代語訳

宝石をもてば善い心が生れ　剣をにぎるとこれは殺生をしたくなる物です

という言葉がある。先ほども「剣」が出てきたが、今回は剣の恐ろしい側面だ。先ほどと同

じように原始仏典も共に挙げるとしたら、

ただ善き人々と共に居れ。善き人々とだけ交われ。善き人々の正しい理法を知るならば、智慧が得られる。そうでなければ、得られない

『サンユッタ・ニカーヤ』第Ⅰ篇、第四章、第一節、四

という言葉が僕には、想起される。

これらの仏教の言葉を知ったからか、あるいは自分の経験の中で感じるのか（それともその両方か）、僕も「人は想像以上に、出会い、時間を共にする人の影響を強く受ける」と感じている。

もちろん原始仏典に書かれているように「善き人々とだけ交われ」となると多くの人にとっては現実的には難しいと思われるけれど、今までよりも「善き人との時間」を増やし、積み重ねることは可能だ。

「本を読むこと」「人の言葉に触れること」は、そういうことだと感じることが多い。繰り返し開く本の言葉に触れることは、僕にとっての「善き人」と繰り返し語り合う時間だ。

そして普段の生活においても、「共に時間を過ごす人」「触れるもの」の大切さをもう一度、確認しておきたい。あなたは自ら進んで手に危険な剣を握っていないだろうか。そして心の珠を

求めて、小さな宝石をいくつか手に握ることができているだろうか。僕はちょっと心もとない。

密教経典『理趣経』から感じる智慧⑭

時に纔発心転法輪《さいほっしんてんぼうりん》大菩薩は、重ねてこの義を顕明《けんみょう》せんと欲《ねが》うが故に、熙怡微笑《きいみしょう》して金剛輪を転じて、一切金剛三麼耶《さんまや》の心を説きたもう。吽《うん》

『理趣経』第八段より

*

現代語訳

時に纔発心転法輪大菩薩は、重ねて第八段の内容を明らかにしようと思って、顔をほころばせ、微笑みを浮かべて、法輪を転じる姿勢をなし、金剛界の四種曼荼羅《ししゅまんだら》に入った境地を象徴する一字真言「フーン（ウン）」をお説きになった

瞬間に決心する

この段には、纔発心転法輪大菩薩という変わった名前の菩薩が登場します。僕は、師がこの菩薩の名前の由来から説いてくださった教えが好きで、このことも自分が生きるための示唆にしています。

この菩薩の「纔《さい》」という字には、「わずかに」「やっと」「……さえすれば」というような意味があります。ここでは「わずかに発心すれば法輪を転じる」菩薩です。

普通に考えると、大きな物事をやり遂げるには、たくさんの時間がかかります。しかし「密教では纔発心転法輪大菩薩のように〝やろう〟と思ったとたんに自分本来のものが出てくる」と師はこの菩薩の意味を諭してくださいました。つまり瞬間的に「決心すること」の大切さだと僕は解釈しています。

最近出会った尊敬する方も、「要は腹をくくるかどうかなんだ」と話されていて、胸に刺さりました。妻と出会った十年以上前、共に仏教僧を志す尼僧の妻に「あなたの仏教への思いはとてもいいいと思う。ただ後は腹をくくるかどうかだよ。今はくくれていないと思う」という意味のことを突然言われドキッとしたことがあるからです（すごいことを言う女性ですね）。僕にとっての「発心」は、この「腹をくくる」というイメージでもあります。

自分のできることを見つめ、なにかをはじめようとしても、尻込みするような気持ちが勝り、なかなか動き出せない人は多いと思います。その時に必要なのが、積み重ねた時間である時もあるでしょう。しかしもしかしたら唯一足らないものは、纔発心転法輪大菩薩のような、ほんのわずかな瞬間の発心なのかもしれません。その心さえあれば「少しでもいい」というのが、僕はなんだか好きなんです。

仏教にヒントを得た僕のアイデアを再び共有させていただくとしたら、「腹をくくる」ことを身に馴染ませるには、自分の決心に加え、腹をくくっている人と少しでも時間を共にすることです。それが死者が残した言葉の中であってもそれは可能だと思っています。

「自ら書し他を書せしめ」ノ巻

「範囲を他者に広げ、体を動かす」

中国の弘法大師ゆかりの寺へ

中国の西安を、地元の若いお坊さんたち一五名ほどで訪れた。かつての長安である。弘法大師が師である中国（当時の唐）の僧、恵果和尚《けいかかしょう》から密教を授かった青龍寺《しょうりゅうじ》や、恵果の師である不《ふ》空三蔵《くうさんぞう》（父親が北インド出身であり、母親が康居《こうきょ》人で十代の頃に中国に入り金剛智に師事した。僕たちがこの本で読んできた『理趣経』もこの不空さんがインドの言葉から漢文に翻訳したものだ）ゆかりの大興善寺を訪れ、現地の御住職やお弟子さん臨席のもと儀式をさせていただいた。現在の御住職は、日本の高野山で密教修行をされた中国人僧侶である。

青龍寺や大興善寺のことは、弘法大師も、

ここに於て城中を歴《へ》て名徳を訪うに、偶然として青龍寺東塔院の和尚、法の諱《いみな》は恵果阿《あ》闍梨《じゃり》に遇い奉る。その大徳はすなわち大興善寺の大広智《だいこうち》三蔵の付法の弟子なり

弘法大師 空海『請来《しょうらい》目録』

＊

現代語訳

ここをもとにして長安城中の高徳名僧をたずね歴訪していくうち、偶然、青龍寺の東塔院の和尚、法の諱恵果阿闍梨にお会いし、尊顔を拝することができました。この大徳こそ大興善寺の大広智不空三蔵の付法の弟子、その人であります

と自ら書き記している。

この訪問と儀式は、縁あって密教を受けた僕たちにとって、宗教的な意味で意義の深い時間になったことはもちろんだけど、密教がインドで生まれ、中国に渡り、日本にもたらされた時間、国を超えてゆく感覚を肌身で少しでも感じることができたことが、大きなことだったように思う。

いつも「今日からスタートだ！」と自分を奮い立たせるたびに、ずっこけたり、その場で立ちつくすことの多い僕だけど、やはりこの密教の聖地でも、「またスタートだ……。がんばらないと」と心に刻まずにはいられなかった。

日本に帰国した日、栄福寺歴代住職の墓が並ぶ場所で手を合わせ拝んだ。今までお世話になった師や恩人の顔を何人か思い浮かべる。すでに高齢の方もおられるので、「なんとか、もっと

一生懸命がんばっている姿をこの数年でみせたいな」という思いが胸に浮かぶ。もちろん同世代の友だちのような恩人にも。

中国の人に学びたい「心の中間地点」

人にもよるのだろうけれど、街で出会う中国の生活者の人たちが、「怒りと平時」のあいだぐらいにある感情をうまく使っているように僕には感じられた。なんというか笑いながら、「おいおいそれはないよ！　どうなってんだ〜」と相手につめよって、つめよられた人も同じような心の位置で、大きく手を広げて「おまえこそー、いい加減にしろよ〜」と応える。なんだか僕のような空気を読んでしまう日本人的にみると、その絶妙な塩梅《あんばい》が少し快感で、シンプルな「中間地点」のようなものは自分も学びたいと思う。長く住んだりしていると、それが「しんどい」ことも多いのかもしれないけれど。

また僕は、とにかく中華料理が舌に合うようで、とくに八角などの香辛料を使ったスパイシーな現地料理が毎日続くたびに、美味しく頂戴した。

「問う」そして「決める」ことで生まれる勇気

最近、子育てのことで相談する機会のあった人が話していたことが心に残っている。

「まずは子どもに対して〝これをやれ〟という命令を減らしてみたらどうですか？」

そういう話をされていた。子どもと一緒に生活をしていると、「早くお風呂に入りなさい」「遊ぶのを止めなさい」「起きなさい」と、どうしても命令形が多くなる。

「うーーん。では、どんな言葉をかければいいか困ってしまいますね」

「質問と提案することは増やせませんか？〝今、何する時だっけ？〟とか〝こんなふうにやってみる？〟って」

この話を聞いて、すぐにうまくはできないけれど、たしかに自分が子どもだったり生徒だったりした時に、命令されたり怒られたりする代わりに、「それってどうする？」と質問したり、「こっちでやってみる？」と提案してくれると、心理的にはかなりうれしかったと思う。

ふと考えると、僕は自分自身に対しても命令形で声をかけることが多かった。「これをやれ、自分」とかなり横柄《おうへい》だったと思う。だから自分に対しても少し丁寧に、「どうする？」「こっちかな。どう思う？」と自由な心に主導権をやわらかく渡してみたい。

別の専門家が、「ひきこもっている人が、働けるようになるタイミングの共通点に気づいたんです。それは、〝働かなくてもいい〟という選択肢を与えられた時だったんです」という意味の言葉を話されていたことも思い出した。

人は、想像以上に、強制よりも自由によって動きはじめる。

新しい言葉を作る

日本では新しい元号が発表になった。その報道を観ながら、坊さんである僕は、自分が「戒名」を授ける時の作業をどこか思い出していた。最近つけた戒名には、「蔵観《ぞうかん》」や「寧晴《ねいせい》」という語がある。〈観る〉ということを蔵している。気持ちが落ち着いた〈寧〉の中で、晴れやかな気持ちでいてほしい。そんなある意味で新しい言葉を作っていくのはちょっと不思議な作業だ。

みなさんも気が向いたら、自分の戒名や雅号を考えてみてはどうだろうか。でも元号にしても戒名にしても、「自分で付けるものではない」ところが大事なところかもしれない。

新橋で号外に群がる人の様子をテレビで観ると、「言葉」や「名前」の不思議さが込みあげてきた。

平和な良い時代になりますように。

それに仏法が貢献できますように。

常楽会が終わりました

七年に一度の行事である釈尊入滅の儀式「常楽会《じょうらくえ》」を無事、終えることができた。記念事業の本堂耐震工事も完了。栄福寺では、この儀式の時にだけ本尊の阿弥陀如来の厨子《ずし》をあけて開帳することになっている。

儀式が始まって、自分の住む街にある七つのお寺で共有されている古い涅槃図《ねはんず》や地獄絵図に囲まれて、その阿弥陀如来の姿がお見えになると、胸にせまるものがあった。境内には自分で墨を入れた大きな角塔婆《かくとうば》が立ち、五色の紐で阿弥陀如来の手と結びついている。九十歳を超えて娘さんと島に住んでいる懐かしい檀家長老の奥さんも来てくださった。「そろそろ世代交代です」という檀家のお母さんに連れられた僕と同世代の娘さんもおられる。しかし人口が減り、高齢者が増え、昔のような活気はあまりないようにも感じる。

二十四歳で住職になった僕も四十歳を超えた。寺からも、この世界からも去る時を想像しながら、まだできることがあるような気がする。

儀式を終えて、記念事業に携わってくれた人たちとのささやかなお寺での食事会では、四歳の次女が僕の膝の上に座り、「わたしはお坊さんにはなりません〜」と信者さんたちに愛嬌《あいきょう》を振りまいている。その姿をなぜか俯瞰《ふかん》して上空から観ている気分になっていた。

「とーちゃん、イチゴいる？　おっきいの取り」と娘が僕に言葉をかける。

長い儀式が終わりしばらくすると、儀式に出てくれた近所のおじいさんが、野菜の「わけぎ」をお寺にたくさん持ってきてくれた。最近身内の葬式が続いたおじいさんは「不幸事は疲れるけど、お祝いやけん、疲れんかったよ」と声をかけてくれた。

一年間お酒をやめてみる実験

中国、西安の青龍寺参拝を終えて日本に戻った二月二十五日から、お酒を一年間やめてみることにした。仏教では古くから、出家者はもちろん在家信者も、酒を飲むことがよしとされていない。初期仏教から在家信者が受けてきた「五戒」にも、「一、一生の間、殺生を離れる。二、一生の間、盗みを離れる。三、一生の間、不正な性行為（浮気）を離れる。四、一生の間、嘘をつくことを離れる。五、一生の間、飲酒を離れる」とあって（佐々木閑《しずか》『出家とはなにか』より）、お酒は仏教徒にとってけっこう大きなトピックなのだ。しかし日本では、古来より神事とお酒が強く結びついていることもあるのだろうか、僧侶がお酒を飲むことに現代では寛容だし、僕もその恩恵を受けてきた。そしてヱビスの黒ビールが、ひとことで言って好物である。

お酒をしばらくやめた理由は、単純に「自分が使える時間が増えてほしい」ということと、「オートマチックに、楽しい気分が発生する」ことへの若干の違和感、あとは個人的に「一度飲んだら、飲み過ぎる」という身も蓋《ふた》もない理由だと自分では感じている。

「せっかくだから、一年じゃなくて、五戒のように一生やめたら？」とか「そういうこと言わないで、ゆるい感じが良いところなのに残念！」などといろいろ言われたけれど、ちょっと実験感覚でしばらくやってみようと思う。どんな感じだろう。

ちなみに僕はお酒を飲んでいる人を非難する気持ちはまったくない。ただ個人的に「流れ」のようなものをちょっと変えてみたいと思っている。

禁酒をはじめた理由は、もっといろいろとあるような気がするけれど、ある脳の研究者が言っていた「お酒を飲むと仲間意識が高まります。しかし仲間の外側にいる人への攻撃性も強まります」という言葉は、いろんな場面が浮かんできて思わず笑ってしまった。


大事にしている自分の好きな作家の言葉に、「なにかをやることが思いつかなければ、なにかをやめてみたらどうですか?」という言葉がある。なにか流れを変えたい時、ぐっとスパートをかけたい時、お酒ではなくても「なにかをやめる」というのも意外とお勧めです。

しかし一年ぶりに飲む酒は美味いのかなぁ。途中で挫折したら、頭を丸めよう。

仏教や密教は「自由闊達」への試み

そんな日々の中で、仏教や自分が修行している密教というものが、僕たちが「もっと自由闊《かっ》達《たつ》にいきいきと生きられるんじゃない？」という「試み」のような気分がしてきた。

そこにもっと気づけば、これからのお坊さんとしての動きや修行は、もっとシンプルに明確になるなぁと思っている。

密教経典『理趣経』から感じる智慧⑮

般若波羅蜜多《はんにゃはらみった》において受持し読誦《どくじゅ》し、自ら書し他を書せしめ、思惟《しゆい》し修習し種々に供養する

『理趣経』第九段より

＊

現代語訳

この般若波羅蜜多理趣経の教えを心に留め、経典を読誦し、みずから書き写し、他の人

に書き写させ、その意味についてよく考え、その教えを専心に学び実践し、さまざまな供養を行う

人に影響をあたえる

今まで第一段でも似た内容の箇所を挙げましたが、その違いに僕は大事な意味を感じたいと思います。「みずから書き写し」だけでなく、ここにある「他の人に書き写させ」が加わったことが大切だと思うのです。社会も組織も、もっと広げるなら世界も「自分」だけが生きているわけではありません。ですから他者に対しても影響をあたえることが、人びとが「もっと自由にいきいきと生きる」ための外すことのできない条件だと思うのです。つまり他の人にも、いきいきと自由に生きてもらえるようにアプローチする。

もうひとつの違いが、「実践(修習)」という言葉です。「身に修め」と訳されている方もおられました。これはつまり修行でも生活でも「体を動かして実際にやる」ということです。これは「考えること」を否定することではなく、この箇所にあるように、まずは書き写すようにそのまま受け取り、他の人と共有し、自分なりによく考えて学ぶからこそ、見えてくる行動があります。

坊さん、V 今を生きる

「忿《ふん》怒《ぬ》は金《こん》剛《ごう》性《しょう》なり」ノ巻

「時には怒りを携えて」

新しい人たち

栄福寺で新しい人が二人、働きはじめた。といっても週にわずかな日数だけど、ほぼ十数年変わらないメンバー（家族以外では二人ほど）で運営をしてきたので、なんだか新鮮な気持ちだ。

ひとりは同じ町内の二十代の女性。小さい頃から書道をやっていたこともあり字も達者で、塾の講師の合間に、お遍路さんの納経帳を書いたり、事務的なことをしてくれたりする。

もうひとりは、僕よりいくぶん年上の、僧侶を目指す大柄な男性。しばらく高野山で働いていたが、縁あって愛媛にしばらく前から住んでいる。スイミング教室で子どもに水泳を教える合間に、お寺のことを手伝ってくれている。お寺の仕事が終わった後、僕とふたりでお堂で瞑想と読経をしてから帰ることもあった。

年齢だけみても、なんだか急に幅広いメンバー構成になった。

修行僧たちのお参り

毎年、京都の本山で修行道場に入っている若い僧侶たちが、団体で四国遍路をお参りに来てくださるので、栄福寺の境内には、若々しくて力強い読経の声が響く。

修行中なのであまり無駄口を叩かない彼らと、無言で合掌を交わしあう。これから全国のお寺に散ってゆき「日本のお坊さん」として動きはじめるのだなぁ、と思うと「お互いがんばろうぜ」というような気持ちになった。そして指導者のお坊さんに苦労話を聞いたりしながら、少し離れた場所にあるバスの駐車場まで一緒に歩くのを、僕は少し楽しみにしている。

バスに乗り込んだ僧侶たちを再び合掌で見送っていると、修行僧たちも全員で合掌を返してくれ、見えなくなるまで無言の視線を交わす。そして軽く一礼して、僕はまた栄福寺に帰る。僕はもう一度、同じ言葉を胸にもつ。

「お互いがんばろう」

高野山の勧学会

僕にとって四十代のスタートは、「はじめに」にも書いたように師からの提案で、あらためて仏教を学ぶため、高野山の勧学会《かんがくえ》に二〇一六年（初年目）、二〇一七年（二年目）に参加することからはじまった。自分にとっては思いもしなかったことだったが、そのことをもう少し詳しく書いておきたい。勧学会は基本的に非公開のものなので、書いても差し支えなく、儀式の内容が一般に公になっている部分のみ紹介することにする。

勧学会に参加するために、僕は高野山内のお寺に衆坊《しゅうぼう》として属することになった。僕が属するのは、参加を勧めてくださった松長有慶師が住職を務める補陀洛院《ふだらくいん》である。この申請をする書類には師附《しづけ》の師僧を書く欄があり、ここにはやはり先生の御名前を書くことになる。

僧侶になった時、師僧になってくれた祖父を二十四歳で亡くした。その後すぐに住職になり、自分には「もう師僧がいない」という感覚がずっとあったが、年を経て今、師と仰げる方に出会えるとは思ってもみなかった。そしてそれがもっともお慕いする僧侶であることの幸運を思う。

そして師の勧めで、高野山に滞在する時には、補陀洛院のすぐ隣の南院《なんいん》という大きなお寺に宿泊させていただくことになり、南院様も快諾してくださった。

勧学会に参加を決めると、その年は高野山内で行われるさまざまな伝統行事に参加することになり、儀式に用いる原稿などが主に漢文で配文される。それには高野山独特の読み癖などがあるので、儀式の前に高野山を訪れて、高野山での師僧である松長師から読み方や儀式の進め方などを直接教わる。かつて高野山金剛峯寺《こんごうぶじ》第四一二世座主《ざす》をつとめられただけでなく、日本を代表するような高僧であり、なによりも僕にとっては学生時代に教えを受けてから「あこがれの僧侶」でもある松長師から、一対一で何度も教えを授かるようなことは、僕には初めての経験だった。

この「直接会う」「一対一」という要素の中にも、僕が教えを受けている「密教」の大きな特徴があると思うし、師はこの儀式の中で「体ごと」なにかを伝えようとしてくださっていると感じた。今振り返るとそんなふうに冷静に感じられるけれど、その時は「同じ年齢になって真似できるかな。今の自分のままでは絶対できないな」という思いがたびたび、込みあげてくるのだった。

僕が受ける高野山学道の新衆《しんじゅ》(新人)は、かなり若い年齢から参加する人もいる。今は四十歳になった僕もルーキー。

参加する儀式は、本当にさまざまだ。たとえば、問者《もんじゃ》の僧が提出する疑問に対して、竪義《りゅうぎ》の僧が考えを示し、精義《せいぎ》の僧が批判、指導する「山王院竪精《さんのういんりっせい》」、今では多くの儀式が実際のその場での議論というよりも、議論の文章を読み上げるものになっているが、それでも相当の習練が必要で、現代人の僕たちにはどこか新鮮でもある。竪精がおこなわれる前の旧暦五月一日、二日には、元寇《げんこう》の国難では高野山の僧により太宰府まで運ばれたという僕の滞在させていただいていた南院の本尊、浪切《なみきり》不動明王が、高野山の山王院にお祀《まつ》りされ、また南院にお戻りになる。僕も初めてこの秘仏のお不動様を目の当たりにした。

総本山である金剛峯寺で行われる「内談義《うちだんぎ》」も、やはり問いかける問者、それに答える答者《たっしゃ》に分かれて仏教の教理についての議論をする儀式である。その中でもある役割の僧侶が、香炉の前の空中に「久」という字を書く動作をしたり（仏法が永久に続くように）、独特の所作が数多くある。

「御最勝講《みさいしょうこう》」は、『金光明最勝王経《こんこうみょうさいしょうおうきょう》』という経典を奉じる儀式。高野山の中でも、神秘的と感じる先ほどの山王院というお堂の中で、読師《とくし》という役割をすることになった僕は、講士《こうじ》という配役の僧侶と向かい合って座り、ひたすら講士の動作と同じ動作を真似て繰り返す（たとえば講士が手を回したら、読師も手を回す）。なので「まね師」と呼ばれる。僕が真似することになった講士の高野山・巴陵院《はりょういん》の僧侶は、偶然、高野山大学軟式テニス部の先輩で、再会を喜びあいながら、ひたすら真似をした。

高野山の金堂《こんどう》で行われる「不断経《ふだんぎょう》」は、お盆の行事で、僕も愛媛のお盆で多忙な時期であったが、師から「一生に一度の出仕になるかもしれないので、参加できたらいいね」と声をかけていただき、なんとか都合をつけて参加した。真言宗の歴史的な僧侶、真然《しんぜん》大徳がとくに奉じられる儀式で、数日にわたって行われるこの法要の中の一日、『理趣経』を唱えながら堂内をぐるぐる回る僧侶の先頭に立つ経頭《きょうとう》が配役された。この儀式専用の経典も購入して、経験のある地元の僧侶たちに教えていただきながら、なんとか役をこなした。

そして、いよいよ始まる高野山に一カ月を超えて滞在する勧学会でも、やはり問答が中心になるのだが、沙汰人《さたにん》という指導役の僧侶から、毎回、先輩たちにお茶を出す作法からお堂の歩き方、座り方まで厳しく指導を受ける。僕は生粋《きっすい》の現代人で、どちらかといえばそういった堅苦しい「動き」「身のこなし」が苦手で避けてきた人生だったので、とくに厳しく教えていただいた。

同じ年に参加している僧侶たちは一〇人あまりで、二十代前半〜六十代後半の年齢である。高野山にある修行道場の指導者、お寺の跡継ぎ、お寺で働く僧侶、僕のような地方寺院の住職……、とそれぞれが抱えているバックボーンもさまざまであった。

勧学会の期間が最後の十日間になると、不要の外出は禁じられ、儀式のために寺の外に出る時も、縮緬帽子《ちりめんぼうし》という白い布を頭にかぶって、自分の顔を隠して歩く。これは、昔は議論に負けると山から追放されることもあり、僧侶にとって議論は一生をかけたものであったので、議論に強い僧侶が怨《うら》みをかって襲われることを避けるため、と言われている。だからこの時期は、勧学院まで往復する白い布を被った僧侶群を山内で見かけることが多い。

この期間は、勧学会の儀式での密教思想がテーマになった問答だけではなく、それぞれが自分の滞在している師のお寺で、密教の修法をする。僕も毎日、補陀洛院に通って修法することになった。

高齢の師僧は、九十歳近い年齢にもかかわらず、今でも毎朝、密教修法をかかすことがなく、まずは師が拝んだ後の道場で使われた樒《しきみ》の葉を片付け、自分の修法のために樒の葉をお供えし、お香の準備をして師と同じ場所に座り拝む。そして修法を終えると、翌朝また修法をされる師の樒、お香の準備をして帰る。

このことを十日間とはいえ二年続けていると、師がこの日々を通して、「伝えたい」ということが、ますます身に染みいるようだった。「気づかないほうが馬鹿だろう」そんな言葉を自分にかけた。それはまさに師と弟子が、人と人とが「伝え合っていくこと」そのものだったような気がしている。それは仏教という枠に収まる話だけではなく、僕たちの生きる社会や個にまつわる話だと感じた。「至らぬ弟子」であることを、恥じながら……。

師と道場で

僕が修法の準備や後片付けをしていると、時々師が顔を出してくださり、いろいろなお話をしてくださった。その中でも心に残っていることがいくつかある。密教は教相《きょうそう》（理論的教義）、事相《じそう》（修行の実践）というふたつに分けて現代では考えられることが多いけれど、そういう分け方はおかしくて、

「瑜伽《ゆが》なんだ！」

ということを、真剣な表情で伝えてくださった。瑜伽の原義は「結びつくこと」「結びつけること」であり、密教では仏と僕たちの身心が融け合って結ばれることを意味することがある。「分け、区別する」思考や動きの多い今という時代の中での、「瑜伽」というあらゆる存在が融け合う動き。「分けられたものを結びなおす」。これも僕が受けとった大きな宿題だ。

勧学会の二年目を終えて、最終となる「三年目」を受けられるのは、原則十年を過ぎた後。今感じることは、なにかを得たということではなく、自分が「できないこと」ばかりだった。だからこそ、なにかまたスタートに立てた気分である。

二年目を経て着用することを許される黒袈裟《くろげさ》（書いて字のごとく黒い袈裟）を購入したので、最近、はじめてつけてみた。そしてその黒袈裟をつけて法事を拝み、寺を留守できたことに対する感謝を集まった人に伝える。

滞在していた高野山の名刹、南院では、さらに細かい儀式の作法などを長い時間をかけて院《いん》家《げ》さまに何度も教えていただき、お寺のトップである上綱《じょうご》さまが率先してみずから細かく動き、お寺のみなさんに指示を出す姿に、自分自身が反省するばかりであった。またおふたりの奥様たち、小さな子どもたちを含めたご家族、台所で働く人たち、お寺で働く僧侶のみなさんが、本当に温かく支えてくださった。

また地元、四国でも勧学会を受けた先輩僧侶や、伝統儀式に詳しい僧侶が、「段取りごと」が特別苦手な僕に、辛抱強く、なにからなにまで教えてくださった。頭がこんがらがって弱音を吐く僕に、「とにかく俺がなんとかするから」と、人のことなのに話してくださった言葉が忘れられない。それはもちろん僕個人に対する敬意ではなく、長く積み重なってきた時間に対する敬意であろう。そのこともずっと憶えておかなければならない。

僕は今まで、どこか堅苦しいイメージのつきまとう「伝統」を避けてきたけれど、「伝統」に、そこに込められた本当の意味や本質的でポップなアイデアが加わった時に、とても大きな「力」

が発生するというイメージを持ち始めている。

新しいお寺のマーク

二年目の勧学会を終えて、僕は長年作りたいと思っていた「新しいお寺のマーク」を作ることにした。寺紋《じもん》という昔からの紋（栄福寺の場合、三つ巴）はあるけれど、そこに加わる「これから」のスタートを切るために新しいシンボルも必要だと感じた。

地元・愛媛のグラフィック・デザイナー井上真季さんと何度も話し合いながら生まれたのは、「むかし」弘法大師が護摩の修法をされたというこの場所の〈炎〉と、「いま」もこの場所にあり時に寺を表す〈山〉、そして僕たちが「みらい」に向かおうとする融合の世界、まさに瑜伽の場所としての〈円〉の三つが表現された新しい形だった。その炎は、僕たちが心におこす情熱の炎であり、その心は、僕たち人間に留まらず瑜伽であることも、このシンボルから感じる。今、ここにいる山から小さくてもそれを発しよう。

密教経典『理趣経』から感じる智慧⑯

一切の有情《うじょう》の平等の故に、忿怒《ふんぬ》は平等なり。一切の有情の調伏《じょうぶく》の故に、忿怒は調伏なり。一切の有情の法性《ほっしょう》の故に、忿怒は法性なり。一切の有情の金剛性《こんごうしょう》の故に、忿怒は金剛性なり。何を以ての故に。一切有情の調伏は、則ち菩提のためなり

『理趣経』第十段より

＊

現代語訳

生きとし生けるものはすべて、本質的に差別がなく、平等であるから、（慈悲にもとづく）怒りのはたらきも平等である。すべての生きとし生けるものを制し伏する（調伏）から、怒りは、制し伏するという働きを持つ。すべての生きとし生けるものは、それ自体が本来、清浄な性質を持っているから、怒りも清浄な性質を持っている。すべての生きとし生けるものはすべて極めて堅固な性質を持っているので、怒りもまた極めて堅固な性質を持つ。それらは何故なのか。それはすべての生きとし生けるものを、制し伏する（調伏）のは、覚る

ためだからである

怒りの目的地

この理趣経の第十段には、今まで何度か登場してきた「怒り」についての智慧がさらに展開して出てきます。密教では、人間が本質的に持つ「怒り」や「生きるエネルギー」をむしろ大切に用いようとします。この引用箇所にあるように、生命は本質的に平等であり、怒りの働きも平等に持っています。そしてこの怒りの「調伏する」という働きを用いて、「覚り」という場所に連れて行くことさえできるのです。

それを僕たちの生活の中で活かそうとするならば、自分の不機嫌の表現としての怒りではなく、「相手をよりいい場所へ連れて行く」ための怒りを用いるということでしょう。またしても僕は耳が痛すぎます。

「怒り」のような人間が持つ一見否定的に見える感情も、奥を覗き込むと肯定性の力が潜んでいることがあります。たとえば「逃げる」ことなどにも、意外と確固とした理想を持つ自分の心が見えたりすることがあります。

そのような今まで見過ごしてきた負の感情を、じっくり覗き込む勇気を持ってみましょう。そこには、あなたの理想を実現するためのエネルギッシュな熱量が閉じ込められています。

「一切の事業性《じごうしょう》の故に、般若波羅蜜多《はんにゃはらみった》は事業性なり」ノ巻

「繋がりは活動を生む」

夫婦の死生観

「お坊さん」は誰かの死と関わったり、その家族の話を聞いたりすることが多いので、僕たち夫婦もふたりでこんな話になることがあった。

「生死に関わる大きな病気になることもあるから、そういう告知をするかどうか、今のうちにお互い聞いておいたほうがいいかな？」

（実際は、「大きな病気になることもあるけん、告知するか、今のうちに聞いておいたほうがよかろうか」という伊予弁で発せられている）

「そうやな（関西弁）。密成さんはどう？」

「そうだなー。僕はお医者さんの知り合いが何人かいるから、セカンドオピニオン、サードオピニオンを聞いて検討したいし、言ってほしいな」

「私も言ってほしい。死ぬ前にきちんと自分の荷物を整理整頓したいから」

「……」

妻は僧侶でもあり、また書類の上では僕の「弟子」ということになっているけれど、なんだか「生にしがみついている人（僕）」と「生死に対して落ち着いている人（妻）」をクリアに突きつけられたようで、ちょっと哀しかった、自分が。

両巨頭から聞いた声

偶然、二回の勧学会の直後に、印象的な役割を与えられることになった。初年目の後は、全国の真言宗の若いお坊さんが一堂に会する「結集《けつじゅう》」で、高野山の誇る学僧（学問に長けた僧侶）の両巨頭とも言われることの多い、僕にとって勧学会の師でもある松長有慶師と高木《たかぎ》訷元《しんげん》師の対談の進行役を依頼された。

おおいに恐縮しながらも、初年目の後にこういった役割が自分にまわってくることにも大切な意義を感じたい。対談の中で松長先生が、「若い人は、怒られたらシュンとなる人が多い。〝怒られてもやる〟ぐらいの気概を見せてほしい」と話されたこと、また高木先生が「偉い大先生がその場にいなくても、近くの仲間と腹を割って弘法大師を読むような、地道な勉強を続けてほしい」という意味のお話をされたのが、今でも心に残っている。

南方熊楠を語りながら発した言葉

二年目の勧学会の後には、僕が高野山大学文学部密教学科の卒業論文のテーマに選んだ、南《みな》方熊楠《かたくまぐす》の生誕百五十周年を記念する和歌山県田辺市主催のシンポジウム（コーディネート・中沢新一、基調講演・池田清彦、トークセッションゲスト・篠原ともえ、鏡リュウジ、白川密成）に招かれお話しする機会を得た。その記録映像を観ていると不思議と自分の「これからの軸」にしたいことが、いくつもちりばめられた内容だった。

南方熊楠という希有《けう》な人物をひとことで語ることは、とてもできないけれど、「密教と現代生活」という論文テーマを掲げていた僕にとって、生物学や民俗学という、生《なま》の生命を素材にした多彩な側面を持っていながら、専門性に留まらない姿は魅力的だった。またロンドンで学問の最先端と伝統に触れ、日本に戻ってからは粘菌という生命体と対峙しながら、土宜《とき》法龍《ほうりゅう》という真言僧と長い往復書簡を交わし、「南方マンダラ」と後に呼ばれる思想をその書簡の中で生み出したことに対しても、「未来の仏教の可能性」を僕は感じている。

――ずっと論文で書きたいことは決めてあって、僕は真言宗のお坊さんなので、密教という――

教えを修行したり勉強したりしているのですが、〈密教と現代生活〉というのをやりたかったんです。その時に、南方熊楠という、お坊さんではないけれども自由闊達に思想した人物の中心思想が、土宜法龍という密教僧との往復書簡の中で、しかも明治時代というわりと最近、既成概念の中での仏教という枠も密教という枠も全部飛び越えるようなものとして発生したというのを知った時に、〝ああ、これだな〟と思ったんです

これから仏教を、僕たちが意味のあるものとしてとらえようとする中で、〈自由闊達〉というのは、大切な態度になると僕は思う。しかもそれが「仏教」「密教」の中で、留まるものではなく、僕たちの生活を舞台に「放たれる」ものでなければならないと考えるのだ。

熊楠は自分が抱えている問題意識、生命観というものが、既存の学問とか専門性の中で十分に収まりきらないという思いを、ずっと持ち続けていた人だと思います。その中で密教、あるいは仏教というものの宇宙的な広がり、サイズの巨大さというものをみた時に、〝あ、やっと自分が思い描いている思想と対峙できるだけの広さを持ったものを見つけた〟という思いがあったのだと感じます

なぜ仏教には、現代を生きる僕たちにとって大きな意味があるのか。
それはその守備範囲の広さやサイズの大きさ、そしてその大きさでなければ受け止めることができないものが、あるからではないかと思う。たとえば、人の「生死」ひとつとっても、分野や学問領域の専門性から、「大きなこと」は考えにくい。それを収めてしまうような大きさが仏教にはあると思う。

〈熊楠が書簡に描いた猫の絵を示しながら〉僕のとらえ方ですけれど、熊楠は『華厳経《けごんきょう》』という仏教経典にも、すごく影響を受けていたと思うので、すごく小さな〈部分〉の中にも、世界全体が含まれていて、そのまた部分のずっと小さいところにも世界が含まれていて、宇宙の全体性が含まれているという〈連なり〉を、この猫の中で描こうと思ったと僕はとらえています

密教や弘法大師の思想の大きな特徴は、この「連なり」にもあると思う。それを実感的に回復することに関わることが、これからお坊さんやお寺の役割のひとつになりそうだ。僕は師から、そのことを「混沌《こんとん》」という言葉で伝えられたと受けとっている。聖なるものは純粋な混じりけのなさではなく、混じり交わったカオスの中にある。

僕らは修行の中で、仏教思想や仏教経典の内容を知識としてある程度知ったうえで修行していくことが多いのですが、熊楠の場合はまず現実ありきというか、粘菌という生命体と対峙することによって、大きな思想が生まれてくる。熊楠が意図的だったかどうかはおいておいて、すごく理想的な修行者というか、そういう〝世界の真実に触れたい〟という思いに対して、すごくいい接近の仕方をしたと思います。だから修行者の理想型として僕は見てしまうんです

仏教は、経典の中だけに留まるものではなく、僕たちの生の生命や環境世界を舞台にしている。そのことをいつも、頭に置いておきたい。

熊楠と土宜の生命観のやりとりをみていると、〈他者〉と〈自分〉とか、〈生〉と〈死〉とか、現代という時代はそういったいろいろな物を〝分けて〟きた側面があると思うのですが、熊楠の見ている一歩もぐった世界というのは、いろんなものを、〝くっつける〟。ひっつけあって、結びついている。そして、それは熊楠が見つけたものではなくて、元々世界は、そういうふうにもできて〈ある〉

宗教とは、新しいものを創造するものではない。僕たちが囲まれているこの世界とその動きについて、「正確に知ろうとする」営みであると思う。それを垣間見るために、どのようにもぐっていくのか。そのチャレンジを続けなければならない。

熊楠の言葉を借りれば、科学は真言（密教）のごく一部、仏教のごく一部のことしかまだ扱っていないんだ、という意味のことを言っている。ただ大事なのは、土宜にしても熊楠にしても、現状の仏教に対して誇りと同じぐらい問題意識というか不満感を持っているんですね。熊楠は、なぜ僧侶たちは唐の時代の経典を読んで、今すごく使い道のあるものなのに、ほったらかしにしているんだ、とも言っている。このあたりの熊楠の問題提起が、お坊さんとか研究者だけじゃなくて、ここに集まっているような田辺の人だとか、普通に生活をしている人たちに対して、すごく大きなものを投げかけていると思うんです

仏教はすばらしさをたっぷり含んでいると思うけれど、現状に甘んじて、それを誇るだけでは話にならない、というのが熊楠の視座だ。それは自分を刺す痛い言葉でありながらも、共鳴する。「今」を生きるための仏教を見つめなければならない。

熊楠の書簡とかを読むと、ものすごく猥談《わいだん》もでてきますね。今日来ている研究者の先生には怒られるかもしれませんが、僕は田舎のお坊さんなので言ってしまいますけれど、手紙の中で性の話なんかを、なにも隠すことなく、当たり前だろ、という雰囲気でぽっと出すんですすね。その〈おおらかさ〉というのでしょうか……、密教というのもインドの農耕儀礼や民間信仰、王位継承の儀礼などをどんどん取りいれて発生した教えでもあるのですが、そういう中では、人間の持っている本質的な〈恐さ〉だとか〈恥ずかしさ〉のようなものをタブーにしないで、〝これです〟という感じで出している側面があります。それは小さな話ではなくて、生命のダイナミズムのようなものに対峙しようとすれば、避けて通れるはずはないんですよね。その部分は今の日本人がすごく下手になっているところだと思います

これは「スケベな話をどんどんしよう」ということではなくて、人間の持っている、一般的な宗教が避けることも多い「恐さ」「暴力」「性」などから目を逸らさないことも、僕たちの密教の大きな特徴だ。そこを「避ける」のではなく、じっと対峙するような態度は、社会の浅いところに「暴力」や「性」が露出している現代こそ見えにくくなっているように感じる。

そこで一番苦しんでいるのは、気づいていなくても、今生きている僕たちではないでしょうか。もちろん今の性の話だけではなく、先ほどの華厳経や密教からヒントを得たともいわれる〝すべてが繋がっている〟生命観などにしてもそうです。繋がりを失った中で、一番苦しんでいるのは僕たちの精神だと思います。そういう意味では、今生きている自分たち、日本人や世界の人たちが、〝何に苦しんでいるのだろう〟ということに対して、すごく示唆のある視野というのを、熊楠や土宜の生命観というのは僕たちに投げかける

あるチベット僧が「まずは何に苦しんでいるか知ってください。苦しんでいない、というのは見当違いです」ということを語っていたことがある。僕たちが、「何に苦しんでいるのか？」それも生命やその連なりに関連した話だ。

熊楠は、東洋のことを褒めたと思うと、〝調子に乗るなよ〟と西洋科学の素晴らしさを説いたり、〝西洋科学ってすごいですね〟と言うと——そういう風潮は当時大きかったと思うのですが——〝なんだよ、足下ちゃんと見ろよ、仏教や密教がどれだけ大きなものか〟となる。どっちにも振れないんですよね

今、自分の周りを見渡しても、自分の属している組織や専門領域を手放しで称賛したり、そうでなければ一方的に非難しているような言葉が多い。世界はもっと複雑で、内も外も一筋縄ではいかない。

〈日本〉も熊楠にとって、地元のような感覚があったのかな、と僕は思っていて、南方熊楠というすごい人物が突然変異的に生まれてきたというよりは、熊楠が大事にしてきたことは、古代の日本人がすごく大切にしてきたことであると思うんです

僕たちは、「今」から未来を生きる。しかしそこには、後ろ向きの視点も必要だ。過去を振り返り「僕たちはどのように生きてきたのか」感じる。そのインターフェイスとして仏教は大切な道具になり得る存在でもある。

これから現実の世界で、それをどう着地していくか、そのことが大事なことだけど、そのためにも自分の言葉を振り返ってみた。そしてみなさんの生活や人生とも連なる感覚をたしかに感じる。

密教経典『理趣経』から感じる智慧⑰

一切の法性《ほっしょう》の故に、般若波羅蜜多は法性なり。一切の事業性《じごうしょう》の故に、般若波羅蜜多は事業性なり

『理趣経』第十一段より

現代語訳

すべてがさまざまな現象の真実なる本性であるから、（それをさとる）さとりの智慧の完成（般若波羅蜜多）もさまざまな現象の真実なる本性である。すべてが活動性のものであるから、（それをさとる）さとりの智慧の完成（般若波羅蜜多）も活動性のものである

＊

すでに持っている行動する力

『理趣経』第十一段のこの部分には、今までも紹介してきた「仏なるものは、どこか遠く

にあるものではなく、どんなに小さく身近にある存在でも、仏の性質を持っていて、だからこそ繋がりを持っている」という世界観がよく表れていると思います。それはもちろんちょっとした自然や、自分自身も含まれています。だからこそ呼吸を整えて、じっくりこの世界の自然や生命の発している音や動き、雰囲気を全身で感じとることが、とても大切です。密教や仏教が持っている「巨大さ」は、そういったささやかな行動も示唆しています。

続いて出てくる「事業性」は、訳にもあるように「活動」や「働き」を指しています。すべての存在も般若波羅蜜多の智慧も、この「活動」の動きを持っているとするのです。古来、ここは「身口意（体・言葉・心）の本質を獲得して、仏に供養する」ことだとされます。それを展開させ、あえて僕たちの生活の中で広い意味で受けとると、智慧を頭だけで受けとるだけではなく、事業という「活動」の中で表現する力を僕たちも持っていること、と僕は感じています。「行動しよう！」ではなくて、僕たちは行動できる力をすでに兼ね備えているのです。

この段は、今までの真理の世界から世俗の世界へ移行する中間地点にあるので、古来よりこの第十一段を象徴する曼荼羅《まんだら》を「真俗合説の曼荼羅」などと呼んできました。この世俗の現実世界との繋がりを絶やさないことも、密教の大きな特徴です。

「一切の語《ご》言《ごん》を転ずるが故に」ノ巻

「ただ発している声を聞く」

ありふれた質問

子どもと生活していると、ふとありふれた質問をしたくなることがある。自分の固定された思いの中で固まっている思考を、人生経験の少ない子どもだったらどんなふうに答えるか興味があるからだ。そこに完全な正直さがあるとは思わないけれど、「どんなふうに」答えるか、という子どもなりの作為に対する関心を含めて質問をしたくなる。

「人生ってなんだと思う?」

小学校二年生の長女にたずねてみた。

「人生は思いだよ」

こともなげに娘は少し哲学的に響く言葉で即答した。

「ふーん、そうか。人生は思いか……」

しばらく沈黙の中で、思索しながら僕は言葉を失う。

そして娘は静かにそばに寄り添い、

「お父さんの体はあたたかいね」

と新しい言葉を発する。

ロックなおじいさん

ある日、グレイトフル・デッド（一九六〇年代に結成されたアメリカのロックバンド）のTシャツを着たおばあさんがお遍路さんにやって来た。胸のところに「Grateful Dead」と大きくプリントされている。

僕は、やはり我慢できなくて「グレイトフル・デッドのTシャツを着ておられるんですね」と何気ない顔で聞いてみる。

「すいません、気が抜けておりまして、あるものを着ています」

とその方は、はにかんで答えられた。

少し離れた場所では、黒い皮のジャンパーでロックな雰囲気をたたえたおじいさんが、ただぼんやり空を眺めている。「彼がご主人で、夫婦でTシャツを共有しているのだろうか」と僕は勝手に想像する。

自分のいない世界

ある仏教研究者が、「自分の命が今日の午前〇時までと想像すると学問に深みが出てきた」というような意味のことをラジオで話していた。

僕は時々、「自分の死んだ後の世界」のことを思い浮かべる。それはいつもの世界だ。自動販売機では今日もコカ・コーラが売られて、晴れた空に選挙カーのけたたましい声が響き渡る見慣れた世界。でもそこには僕がいない。僕だけいない。

そのしんとした世界を想像すると、深みがあるかどうかは別にして、僕は仏教が求めて来たある種のテクスチャーのようなものを肌に感じる。

それ自体が功徳

僕は昨年、途中になっていた徒歩での四国遍路（歩き遍路）を再開した。十七番札所まで終えていたけれど、また一番札所から歩き始めた。一日二〇キロ、三〇キロ（時にはもっと）をひたすらゆっくり歩く。地図を広げ、ちょうど良さそうな宿でどっぷり眠る。古い石仏を見つけると手を合わせて祈り、次の寺をめざし、到着するとまた祈る。寺でも急がず数時間境内で過ごすこともあるのが、僕の遍路のスタイルだ。

正直に言うと、とても楽しい。これから一カ月に十日ほど歩こうと思っている。どんなふうに自分が変わってゆくか、また変わらないか、それも興味があるけれど、本質はそこにはないとも思う。歩くと功徳を得られるのではなく、歩いて、祈ることができる。それ自体が功徳なのだと何度か感じる。

どこか遠くに「功徳」があるのではなく、「そのこと自体」に功徳めいたものが存在することは、他にもあることだと思う。たとえば、僕やあなたがここにいること自体は「功徳」と呼べないか。僕はそれも功徳と呼びたい。

「ダブル」ではなく結びついている

敬愛する僧侶の学びの場へ参加した時に、その僧侶が、「I（私）というOSをWE（私たち）というOSに」という意味のことを話しておられて、今でも印象的に憶えている。

でも時間が経つに従って、僕の感覚では「やっぱり〈私〉と〈私たち〉って、ダブルがいいなぁ」と感じることが増えていた。その「どっちか」ではなくて「両方」が、必要だと感じてしまう。そう考えるだけで、ずいぶん気楽になる。

その中で思い浮かんだのが、僕が修行している真言密教の金胎不二《こんたいふに》という言葉だ。これは真言密教の根底にある思想である。成立の時代も地域も異なる金剛頂経《こんごうちょうぎょう》系の金剛界曼荼羅と大日《だいにち》経《きょう》系の胎蔵曼荼羅が、つねに「不二」であることが、密教の思想や建築のあらゆる場面に配置されている。

僕は、この不二の思想も、どこか雑に「ダブル」の意味でさらっと捉えてしまっていたようだ。もちろんこの不二とダブルは、違うどころかまったく逆とも言える世界観だろう。無意識でふたつに認識してしまうその対象は、本当はふたつではなく、瑜伽（結びつける・融け合った）の存在なのだ。

「私」と「私たち」が分かれている認識は、生活を送るうえで必要だ（そうでないと他人の便所に無断で入りかねない）。しかし、同時にこのIとWEが融け合って、結びついて瑜伽している現実にもそっと目を向け、感じる。もともとふたつではないことを見る。

その場所にあるのも仏教の修行だろう。
そしてそれは、ありふれたこの日常の中でも見つめることのできる世界であると思う。

燈光《とうこう》一にあらざれども
冥然《めいねん》として同体なり
色心《しきしん》無《む》量《りょう》にして
実相無辺なり
心王心数《しんおうしんじゅ》
主伴無尽なり
互相《たがい》に渉入《しょうにゅう》して
帝珠錠光《たいしゅじょうこう》の如し

弘法大師 空海『吽字義』書き下し

＊

現代語訳

ともしびの光は無数であるけれども、
その光は融け合ってしまい、区別することができない

ものと心ははかり知れず、その真実のすがたもはてしがない
総合的な心のはたらきと個別的な心のはたらきは、
互いに、主となったり従となって尽きることがなく、
相互に入り合い、
帝釈天《たいしゃくてん》の宮殿を飾っている網の一つ一つの結び目につけられた珠玉に反映する燈火の如くである

私と私たち、この世界、草木。各々が孤立してあるのではなく、瑜伽としてあることを僕は見つめよう。そのうえで草木もあなたも全部ある。

自分に向けられた言葉

たぶん十年以上前に大切に読んだ、吉本隆明さんの『ひきこもれ―ひとりの時間をもつということ―』という本の文庫本を本屋で見つけたので、思わずまた買ってしまった。

しかし、内臓に響くような心の具合というのは、それでは絶対に治らない。人の中に出ていって、食事をしたり、冗談話をすれば助かるということはないのです。ひきこもって、何かを考えて、そこで得たものというのは、〈価値〉という概念にぴたりと当てはまります。価値というものは、そこでしか増殖しません

誰かに向けられたのではない、自分に向けられた沈黙の中での思索。今まで学んできた言葉とは雰囲気の違う思想に、僕は戸惑いながらも、「うん、そういうものはたしかにあるな」と感じる。

一見、矛盾するような正反対の考え方も、自分のなかでそのまま置いておきたい。

空海は、自身の出家宣言の著作である『三教指帰』の冒頭をこう結んでいる。

ただ憤懣《ふんまん》の逸気《いつき》を写《うつ》せり。誰か他家の披覧《ひらん》を望まん

弘法大師 空海『三教指帰』

*

現代語訳

これはただ自分の心につかえる逸《はや》る気持ちをのべただけであって、他人にお見せするつもりはさらさらない

この「他人に見せるつもりはない」という空海の言葉を信じない人も多いだろう。すでに彼の代表作のひとつとして、結果的に膨大な人がこの作品に目を通すことになったのだから。でも僕は、この空海の言葉をどこか本音の言葉として受け止めている。

誰かに向けられたものではない、たったひとりの自分に対する言葉を吐け。その言葉こそ「誰かに届く言葉」であり、そのままこの世界に向けられた言葉である。

まじりあった瑜伽の中で、あなたはたしかにそこにいるのだ。

密教経典『理趣経』から感じる智慧⑱

一切の有情《うじょう》は妙法蔵《みょうほうぞう》なり、よく一切の語言《ごごん》を転ずるが故に

『理趣経』第十二段より

現代語訳

生きとし生けるものすべては、真理に則り、それを表現する特性を本来的に具《そな》えている。生きとし生けるものは、すべての説法が悉《ことごと》く真理にかなうような真実の言葉を、つねに発しているからである

＊

つねに言葉を発している

命あるものすべては、真理を表現することができると力強く宣言されています。それは、命あるものが誰でも、私たちが見ていなくても、聞いていなくても、「本当の言葉」を常に発しているからです。ですから、あまり力まず準備を整えて「一切の語言」が聞こえてくるのを待ってみましょう。

それだけではありません。ここでは「妙法蔵」という言葉の作用を引用しましたが、この段の他の場所では、「金剛蔵《こんごうぞう》」という心の作用、「羯磨蔵《かつまぞう》」という体の働きの作用も登場します。やはり密教では、言葉だけでなく「体・言葉・心（身口意）」の三密が相互的な働き

をすることが大切なのです。

今までの段では、仏や菩薩が微笑したり、怒ったりしていましたが、この段の最後では、天部《てんぶ》の神が、歓喜の声をあげます。

＊＊＊

その後、『理趣経』の構成は、とても文字数の少ない段がいくつか続きます。第十三段では、七母女天《しちもにょてん》という女性神が登場し、第十四段では、ヒンズー教の神が密教の称号をあたえられ、第十五段では、やはりヒンズー教出身の女天が登場し、真言を説きます。このあたりの異なった教《おしえ》の神々さえ登場させ、その性格を変えることなく、仏教的な思想をもった行動に導いていくのは、まさに密教の面目躍如《めんもくやくじょ》です。

そして総まとめ的な性格をもった第十六段、第十七段、そしてその後に来る「百字の偈《げ》」に続いてゆくのです。

おわりに

最後までこの本を読んでくださって、本当にありがとうございます。

この本を書いた頃を振り返ってみると、やはり子どもたちがまだ小さかった時期として、僕の中に大切に思い出される時間だと思います。

まだ小さな生命体と日々触れあうことには、多くの気づきや喜びを感じましたが、慣れない子どもとの時間で妻と二人、わからないことも多い生活でした（それは今でもそうです）。しかしそのような中で、自分でじっくり考えることや、仏の教えに触れることで、今までにはない感覚をもったことも事実です。

その「ありがたみ」のようなものを読者のみなさんとともに感じ、今日を生きる、明日をプランするための小さな力添えができるとしたら、僕はこの本をみなさんに発する大切な意義のようなものを感じたいと思います。また僕自身、この本を胸に置き、実際の生活を送るうえでのヒントにしたいと思っています。

あらためて『理趣経』に触れていると、この経典の細かい部分に注目しても、生きるための実践的な思想が多く含まれていました。「自由自在の意味」「笑顔」「時には心に剣を持つ」「出会った存在のそれだけが持っている特色を見出す」。今、思い返して羅列してみても、とても印象的な教えを感じます。

この経典は、真言宗の中で、日々もっとも多く読誦されるお経でありながら、同時に秘伝とされてきた経典です。それを部分的な引用とはいえ、公開することには迷いがありました。しかし仏教に対して、ただ仏像に手を合わせ、僧侶にお経を読んでもらうだけでなく、「なぜありがたいのか」を感じたうえで、人生や生活の中で実際に活かしたいという時代の声を強く感じ、今回、公開しても問題ないと僕が判断した部分のみを紹介してみました。

すると先述したように、経典の細かい記述にも、「生きる」ことに深く根ざした迫力、意義深さが感じられ、今その判断に後悔はありません。むしろ僧俗を問わない読者のみなさんと、この経典に含まれた精神を生きる胸の高鳴りのようなものさえ感じるのです。

この経典には、松長有慶師『理趣経講讃』、栂尾《とがのお》祥雲師『理趣経の研究』、上田霊城師『理趣経講録』、宮坂宥勝《ゆうしょう》師訳注『密教経典』などすぐれた日本語訳に碩学《せきがく》による学術的な解説も交えた書籍が多く存在します。この経典の全体像に触れたい、宗教的な主題を知りたい方には、そのような本に触れる方法も紹介したいと思います。

また引用の後の教えの解説の中で、僕の考えだけでなく、高野山勧学会の師になってくださった松長有慶師が『理趣経』(中公文庫)、『理趣経に聞く』(補陀洛院)で一般に向けて書かれていることも、自分の大切にしている「師の教え」とお断りしたうえで、紹介をさせていただきました。しかし自分の無学、精進の足りなさによって根本的な理解の誤りがあり、不正確な内容を伝えてしまった部分もあるかもしれません。もしこの本の中で良き面が少しでもあるならば、それはすべて仏の教えと師の教えの素晴らしさであり、誤った面、愚かな面があるとしたら(あるでしょう)、それはすべて僕自身の至らなさの表出です。読者のみなさんには、その点、心からお詫び申し上げます。ごめんなさい。

『理趣経』の訳、弘法大師の言葉の訳、仏典の言葉の訳に関しても、先に挙げたような出版されている多くの書籍の訳を用いながら、部分的に現代の読者が読みやすい言葉に改変させていただいた箇所があります。ですので、こちらの文責もすべて僕にあります。

＊＊＊

この本を編集、出版してくださるだけでなく、自分の人生にとって大切なものをいつも示唆してくださるミシマ社、とくに連載時からサポートしてくださった編集の星野友里さん、僕のデビュー作からともに本を作ってきた代表の三島邦弘さんに感謝します。自信を失った日々に二人とお会いして笑っていると、なぜか自分が発する言葉にも読者のみなさんに届ける意味があるのだと確かに感じることができました。

この本に込められたいくつかの思いが、少しでもみなさんの力になることを願っています。そして仏教に込められた願いが、あなたと僕を含めた生きとし生けるものの抜苦与楽《ばっくよらく》（苦を取り除き、安楽を与えること）に関わりを持てますように、みなさんとしばらく目を閉じて祈ろうと思います。

栄福寺　白川密成

令和二年一月

本書は「みんなのミシマガジン」(mishimaga.com)に
「感じる坊さん。」(二〇一六年七月〜二〇一九年十月)
と題して連載されたものを再構成し、
加筆・修正を加えたものです。

白川密成　しらかわ・みっせい

1977年愛媛県生まれ。栄福寺住職。
高校を卒業後、高野山大学密教学科に入学。大学卒業後、
地元の書店で社員として働くが、2001年、先代住職の遷化をうけて、
24歳で四国八十八ヶ所霊場第五十七番札所、栄福寺の住職に就任する。
同年、『ほぼ日刊イトイ新聞』において、
「坊さん。──57番札所24歳住職7転8起の日々。」の連載を開始し
2008年まで231回の文章を寄稿。2010年、『ボクは坊さん。』(ミシマ社)を出版。
2015年10月映画化。他の著書に『坊さん、父になる。』(ミシマ社)、
『空海さんに聞いてみよう。』(徳間文庫カレッジ)がある。
栄福寺ウェブサイト「山歌う」http://www.eifukuji.jp/

坊さん、ぼーっとする。
娘たち・仏典・先人と対話したり、しなかったり
2020年2月4日　初版第1刷発行

著　　者　白川密成

発 行 者　三島邦弘
発 行 所　(株)ミシマ社
〒152-0035　東京都目黒区自由が丘2-6-13
電話　03(3724)5616
FAX　03(3724)5618
e-mail　hatena@mishimasha.com
URL　http://www.mishimasha.com/
振替　00160-1-37276

装　　丁　寄藤文平・古屋郁美(文平銀座)
印刷・製本　(株)シナノ
組　　版　(有)エヴリ・シンク

©2020 Missei Shirakawa Printed in JAPAN
本書の無断複写・複製・転載を禁じます。
ISBN　978-4-909394-33-0

好評既刊

ボクは坊さん。

白川密成

2015年10月に映画化!!

24歳、突然、住職に。

仏教は「坊さん」だけが独占するには、あまりにもったいない！
笑いあり、涙あり、学びあり！
大師の言葉とともに贈る、ポップソングみたいな坊さん生活。

ISBN 978-4-903908-16-8　1600円（価格税別）

坊さん、父になる。

白川密成

仏様、大師様、ボクを救って。

心身の不調、結婚、そして父になるという重み。
苦悩する若き住職が、仏教を通して見つけたものとは…

坊さん歴10年の節目に綴った一冊。

ISBN 978-4-903908-48-9　1600円（価格税別）